INICIACION AL
DERECHO AMBIENTAL

SILVIA JAQUENOD DE ZSÖGÖN
Doctora en Derecho

INICIACION AL DERECHO AMBIENTAL

DYKINSON, S.L.
1996

Primera Edición: febrero 1996
En papel reciclado

Editorial DYKINSON, S.L. Meléndez Valdés, 61 - 28015 Madrid
Teléfonos 544 28 46 - 544 28 69

ISBN: 84-8155-140-6
Depósito Legal: M-6594-1996

Imprime:
JACARYAN, S. A.
Avda. Pedro Díez, 3
28019 Madrid

AGRADECIMIENTO

Agradezco especialmente la amistosa colaboración de Esteban Zsögön Benczik, sin cuya incondicional asistencia difícilmente hubiera podido terminar este libro.

A Esteban,
mi querido amigo y esposo.
D.D.D.

"Si la Tierra tuviera sólo unos pocos centímetros de diámetro y flotara unos pocos centímetros sobre el suelo en cualquier lugar, acudiría gente de todas partes a admirarla. Darían vueltas a su alrededor, maravillándose de sus grandes estanques de agua, de los pequeños y de las corrientes que fluyen entre ellos. La gente se maravillaría de sus bultos y agujeros, de la finísima capa de gas que la rodea y del agua suspendida en el gas. La gente se maravillaría de todos los seres que andan por la superficie de la esfera y de los animales acuáticos. La gente la declararía sagrada por ser única y la protegería para que nadie le hiciera daño. La esfera sería la mayor maravilla conocida y la gente acudiría a rezarle, a ser curados por ella, a adquirir conocimiento, a admirar su belleza, preguntándose cómo sería posible. La gente la amaría y la defendería con su vida, porque sabrían de algún modo que su vida no sería nada sin ella. Si la Tierra sólo tuviera unos pocos centímetros de diámetro."

Joe Miller

Indice

Prólogo

El Derecho ambiental es una nueva especialidad jurídica que, con poco más de veinte años de historia en nuestro país, cuenta ya con gran madurez tras haber logrado poco después de su nacimiento rango constitucional, tanto como principio rector de la actividad política y económica de los poderes públicos, cuanto a la hora de repartir las competencias entre el Estado y las Comunidades Autónomas.

Por otra parte, la Unión Europea ha ido asumiendo progresivamente más contenidos ambientales, estimulando la creación de normas internas.

En estas coordenadas de espacio y tiempo, Silvia Jaquenod da un nuevo paso en su vocación jurídico ambiental, ofreciendo una guía a quienes pretendan iniciarse en el Derecho ambiental, y además una guía acertada y muy útil, fruto de esa sabiduría que proporciona la dedicación al estudio y a las construcciones teóricas y prácticas en cualquier campo científico.

Si para los romanos la "iurisprudentia" era "divinarum atque humanarum rerum notitia", tan aparentemente pretenciosa definición es adecuada a la hora de definir el Derecho ambiental y de brindar a los principiantes pautas claras de aprendizaje. Si Derecho y realidad económico social son entidades íntimamente relacionadas, tratándose del medio ambiente se profundiza la interdisciplinariedad más allá de lo cultural hasta llegar a lo natural. Los recursos naturales interrelacionados, como medio del desarrollo de la vida natural y cultural de los seres humanos presentes y futuros, es el punto de partida de esta introducción-iniciación, que se ve de inmediato convertido en objeto de protección jurídica dando paso a la construcción del Derecho ambiental las normas, resoluciones e instituciones que tal protección ha ido generando.

El Derecho es marco y fruto de la actividad política, realidades que a su vez generan las administraciones ambientales que gestionan la explotación racional de los recursos naturales, evitando los riesgos mediante el des-pliegue de medidas preventivas y, a su vez, previendo las reacciones en cuanto tales riesgos se actualizan mediante la determinación de las responsabilidades civiles, penales y administrativas que, como medidas represivas, fortalecen la vigencia de las preventivas, merced al efecto de la inhibición de conductas disfuncionales que provocan las normas sancionadoras.

Y tras una abstracción por inducción de los llamados principios del Derecho ambiental, Silvia Jaquenod sigue su lógico camino centrando en la Unión Europea los aspectos orgánicos y funcionales de la política ambiental comunitaria, para terminar condensando los objetivos y las actitudes de enseñantes y aprendices del Derecho ambiental. Toda ciencia tiene su propio lenguaje, y en los anexos de este libro se ofrecen los vocablos, así como las fuentes de conocimiento y del Derecho ambiental, terminando con la ya clásica carta del jefe Noah Seattle, insuperable versión de lo que fue una perfecta simbiosis de unos hombres con el ambiente, perturbada por la acción de otros hombres pretendidamente civilizados.

Mi ya antigua amistad y relación científico docente con la autora de esta magnífica obra, además de llenarme de orgullo por las esporas propias que hayan podido fructificar en ella, son también fuentes de convencido optimismo respecto a la comprensibilidad y veracidad de este libro, garantía de su utilidad para el noble fin que ha movido a su creadora.

Dr. Luis Rodriguez Ramos
Catedrático de Derecho Penal
Universidad Complutense de Madrid

1. ACTIVIDADES HUMANAS

"Deberíamos tomar de la Tierra sólo aquello que necesitamos básica y absolutamente: las cosas sin las cuales no podríamos sobrevivir. La Tierra posee abundancia de todo, pero nuestra parte sólo nos da derecho a aquello que realmente necesitamos."
Satish Kumar

1.1. NATURALEZA Y AMBIENTE

La influencia ejercida por la Naturaleza en el comportamiento y, por tanto, en el desarrollo de las diferentes actividades de todos los seres humanos, ha afectado profundamente la sensibilidad de éstos.

El hombre ha experimentado distintas y contradictorias sensaciones frente a los sorprendentes fenómenos naturales, reaccionando algunas veces con cierto temor, como en el caso de las tormentas, rayos y truenos, otras con asombro y estupor reflejado por las benévolas o catastróficas fuerzas de la Naturaleza, y también con fascinación ante los colores del arco iris, los copos de nieve, la estrellada cúpula celeste, la exuberancia de las selvas, los crepúsculos.

La palabra naturaleza etimológicamente deriva de natural, y significa 'la propiedad y esencia que caracteriza a una cosa'. Existen numerosas acepciones de este vocablo, desde diferentes puntos de vista, siendo de interés aquella concepción que hace directa referencia a la Naturaleza como organismo vivo y omnipresente en la Tierra.

También se ha entendido por Naturaleza, aquel "sistema que, sin dejar de ser parcial y finito, formando, como no puede menos de formar, parte de otro sistema superior, comprende, sin embargo, la totalidad a su manera, exterior y realmente, en la esfera de los hechos, de las cosas determinadas y constituidas en virtud de su incesante determinación y constitución, que suponen paralelamente mayor determinabilidad. [...] La Naturaleza es todo, realidad e idea, pasión y acción (natura naturata, natura naturans), espacio y tiempo, cantidad y calidad, causa y efecto;" (1)

Igualmente, este vocablo indica que Natura es "*principium motus et quietis ejus in quo est, per se primo, et non secundum accidens*" (principio último de toda energía, intrínseco al ser de que se trata y que es en él algo sustancial y no un mero accidente). (2)

Hacia el año 500 a.J.C. Pitágoras y su escuela en Crotona, desarrollaron la idea acerca de una Naturaleza viva, de una Tierra viviente. Esta idea influenció posteriormente a Platón, al punto que en su obra Timeo, declara que es la misma Tierra la que anima toda la vida del planeta, por ello el mundo representa y es "...el Ser Vivo del cual todos los demás seres vivos son individual y genéricamente porciones."

En La República, Platón vuelve a mencionar el carácter de madre de la Tierra, "Ahora, como si tu tierra fuera tu madre y nodriza, deberías pensar en ella." La teoría de Platón fue revivida por Plotino. Tácito entendió que la Tierra, la Madre Tierra, era la divinidad que lo gobierna y rige todo, y por ello todo lo demás obedece y se somete a ella. Cicerón, por su parte, interpretó que el mundo, la Naturaleza, es un ser inteligente y, por tanto, un ser sabio.

Desde el punto de vista mitológico, Naturaleza es aquella divinidad adorada por algunos antiguos pueblos, a la que unos consideraban madre, otros hija y otros esposa de Júpiter. Mientras que los egipcios la llamaron Ammon, los Asirios Belo, los fenicios la denominaron Moloch y Pan los arcadios.

La divinización de la Naturaleza (la Tierra) ha recibido diversos tratamientos desde la intuición más remota del mundo arcaico, Grecia, Roma, a las Islas del Caribe y el pie de los Andes.

En la región helénica, tiene designación de Isis, Atargatis, Cibele, Magna Mater, entre otros nombres con que era invocada en el culto minoico, en los misterios de origen minorasiático.

En Egipto se la denominaba Eleusis. A la tierra sacralizada se llamó Tellus en la arcaica latinidad, de fuerte influencia en la religiosidad romana (San Agustín, Ciudad de Dios, 7,23-26; Servio, in Georgicas, 1,21).

La Madre Tierra, la Pacha Mama en los pueblos incaicos, está presente como divinidad suprema y venerada por casi todas las tribus y grupos humanos agrícolas. El hombre primitivo no sólo adoró el seno fecundo de la tierra sino que, y especialmente, se maravilló frente al inesperado y fructífero despertar de la simiente y la floración.

Así pues, la concepción originaria de la Naturaleza deviene de la actitud de los pueblos frente a ésta y al conjunto de fenómenos naturales como un sentimiento de dependencia hacia los poderes superiores, y de la necesidad que tuvieron de conocer el origen de esa mezcla de temor y de esperanza, de espanto y de admiración que le producían.

El hombre primitivo sintió la necesidad, casi permanente, de explicarse el acontecer del conjunto de diferentes fenómenos naturales; es decir, el por qué sopla el viento y empuja su barca, o por qué a veces está furioso y arranca los árboles y derriba su choza, o por qué germinan las semillas y dan lugar a plantas o hermosos árboles que, a su vez, proporcionan una variedad sorprendente de frutos con los que se alimenta; por qué el agua calma la sed, brilla el sol y el fuego calienta y quema.

Los pueblos primitivos vieron, concibieron y representaron los astros, la tierra, el sol, la luna, los vientos y las aguas, como seres animados empujados por algún espíritu; por ello, el sol y la luna ocupan sitio privilegiado. Entre los Hotentotes, por ejemplo, pueblos de raza khoisan que viven en la parte meridional del sureste de Africa, la luna o Tsui es contemplada como el jefe de los espíritus; los Bosquimanes honran al sol y a las estrellas y durante la luna llena celebran distintas ceremonias religiosas. En este sentido, el origen de la religión debería buscarse en la adoración de los fenómenos celestes.

Los habitantes de Gabón vieron en el sol y la luna un matrimonio cuyos descendientes eran las estrellas que brillan pues es el fuego su alimento. "En cierta ocasión, la luna veleidosa abandonó la casa conyugal, y entonces el sol, frenético y celoso, se lanzó a la persecución de su esposa de una manera tan furiosa, que los hijos asustados también huyeron desparramándose por el cielo, siendo ésta la causa de que el sol, la luna y las estrellas no aparezcan nunca juntos en la bóveda celeste. Cuando el astro del día ha recorrido la parte del mundo opuesta y asoma su faz por el Oriente (aurora), la luna y las estrellas se esconden, pero por la noche la madre se reúne con sus hijos." (3)

Casi todos los fenómenos naturales y elementos de la Naturaleza fueron considerados y valorados como seres vivos; así por ejemplo, en Africa central se atribuye al cielo, a quien llaman Lubari, la categoría de dios de la lluvia; a la luna se la identificaba con la vaca, representando en sus cuernos la faz creciente. El mar, los lagos, los ríos y los árboles del bosque reciben frecuentes y distintas ofrendas para que les sirvan de alimento y, en Akra, la ceremonia de ruego para transmitir agua fecundante es una vasija llena que se vierte en una fuente sagrada, la cual representa todas las corrientes hídricas.

Entre los grupos mongoloides algonquines, distribuidos por el centro de América del Norte desde la Península del Labrador hasta Carolina del Norte, se considera a la luna y al sol como esposos. Preguntado un hechicero de estos grupos por el contenido de sus oraciones al curar los enfermos, éste respondió que hablaba a los ríos, a los pájaros, a los árboles, a las rocas y al cielo para que le ayuden.

En Egipto, mediante el desarrollo de un movimiento que inició en la dinastía XXVI (600 a.J.C.) y que progresó hasta llegar a la época romana, se les dio a los animales un tratamiento de seres sagrados, siendo embalsamados, momificados e inhumados con honores divinos; así, tanto cocodrilos, pájaros, carneros, serpientes y otros animales, llegaron a ser tan venerados y respetados como las estatuas de Osiris o de Amón Ra. La zoolatría se apoderó de los egipcios, quienes se habían convertido en servidores de los animales, al extremo de no poder defenderse de sus ataques para impedir causarles el menor daño.

Los árabes preislámicos habían conservado el culto a las piedras y a los árboles, y a falta de piedras, el beduino se prosternaba frente a una bola de arena amasada con la leche de su camella. Estos cultos fueron decayendo progresivamente a partir de la proclamación del Islam. Según una leyenda islámica, el yerno del Profeta, Alí, se representa residiendo en las nubes y desde allí preside y gobierna los rayos y los truenos; esto constituye una mezcolanza del politeísmo grecorromano (Zeus) y de la antigua mitología semítica.

Respecto al moderno concepto de ambiente, se pueden considerar los puntos de vista técnico y jurídico.

Desde el punto de vista científico técnico, por medio se entiende el "Sustrato que soporta y condiciona fenómenos naturales que tienen lugar en su seno." (4)

Y por ambiente, desde el mismo enfoque científico técnico, el "Conjunto de las condiciones externas que afectan al comportamiento de un sistema. En particular, conjunto de las condiciones climáticas, edáficas, bióticas, etc., en las que se desarrollan las actividades de los seres vivos." (5)

Desde el punto de vista jurídico, es posible diferenciar, según opinión de algunos autores, tres posibles versiones del concepto ambiente: el ambiente en cuanto normativa relacionado con la defensa del suelo, del aire y del agua; el ambiente en cuanto objeto de la disciplina urbanística; y el ambiente como ámbito físico de diversas acciones humanas, en el cual subsisten sistemas de equilibrio, y que puede ser modificado, pero sólo a costa de reconstituir otros sistemas.

Este concepto da lugar a la elaboración de dos órdenes distintos de estrategias jurídicas: a) gestión del territorio, (que se ajusta dentro del ámbito de la normativa urbanística); b) gestión de los elementos o factores del ambiente (recursos naturales). Se descarta el ambiente como territorio o espacio objeto de ordenación y gestión, aunque, cuando la ordenación del territorio se efectúa desde amplias bases, las conexiones con la problemática ambiental estricta son más tangibles.

Tampoco es conceptualmente correcto identificar ambiente con Naturaleza. Lamarque señala, al objetar un concepto de ambiente en el que cabría prácticamente todo, que existe no obstante una doble relación entre ambos, en cuanto la protección del ambiente viene determinada precisamente por la amenaza de algún elemento natural y, por otra parte, proteger los elementos del ambiente es, en definitiva, proteger la Naturaleza.

Se parte del ambiente como conjunto de elementos naturales, objeto de ordenación jurídica. Así, el meollo de la problemática ambiental moderna está en la defensa de unos factores, que inicialmente podrían haber sido calificados como "res nullius", susceptibles de utilización sin límite, pero posteriormente se transformaron en bienes comunes sobre los cuales una mayor intensidad de utilización, consecuencia de la civilización industrial y urbana, amenaza las condiciones indispensables para su aprovechamiento.

Ya el Rey Alfonso X El Sabio, en la Ley III, del Título XXVIII, de la Partida Tercera alude a que "...comunalmente pertenecen a todas las criaturas que viven en este mundo..., el aire y las aguas de la lluvia, la mar, sus riberas."

Algunos de éstos, más adelante, recibieron el tratamiento de bienes de dominio público y dominio natural, mientras que otros, como el aire, mantuvieron su condición de "res nullius". Esto puede ser opinable, si se analizan los graves problemas derivados de la contaminación transfronteriza.

Es necesario, por tanto, realizar una aproximación al concepto general de ambiente, entendido éste como el bien o valor jurídico a proteger por las normas de carácter ambiental. En consecuencia, se considera **ambiente** (entorno o medio), en sentido amplio, al sistema de diferentes elementos, fenómenos, procesos naturales y agentes socio-económicos y culturales, que interactúan condicionando, en un momento y espacio determinados, la vida y el desarrollo de los organismos y el estado de los componentes inertes, en una conjunción integradora, sistémica y dialéctica de relaciones de intercambio. (6)

Para el análisis, estudio científico y protección jurídica, el ambiente, en razón de su particular complejidad y considerándolo como sistema integrado, se divide en sus principales factores o componentes sectoriales: agua, suelo, atmósfera, paisaje, flora, fauna, y medio socioeconómico y cultural.

1.2. COMPORTAMIENTO HUMANO

Las particularidades de los diferentes comportamientos humanos respecto a la conservación de la Naturaleza, determinan que las conductas con mayor incidencia negativa sobre el conjunto de bienes ambientales, sean aquellas que responden a una menor variedad de estrategias, o actitudes, respecto al uso y aprovechamiento de los recursos naturales.

El comportamiento del ser humano ante la Naturaleza y sus elemenos ha ido evolucionando progresivamente y, según hayan sido las condiciones y circunstancias de cada momento y lugar, se han adoptado distintas conductas y estrategias. Así pues, en los albores de la civilización el comportamiento humano se centraba en actividades de supervivencia basada en recolección de frutos, pesca y caza, adaptándose en la mayoría de los casos a las fuentes de alimentos más inmediatas

Esta situación de armonía con la Naturaleza no tardó en verse alterada. De aquella fase de simple recolección de frutos, se fue evolucionando hacia niveles más agresivos de usurpación de los recursos naturales.

Civilizaciones que llevaban miles de años antes de la llegada de los conquistadores a América, desarrollaron una cultura extraordinaria y de respeto generalizado hacia los distintos recursos. Edificaban ciudades en la jungla y planificaban sus vidas según dictaban los cielos. Cubiertos por más de mil años de un espeso manto de vegetación tropical, se esparcen a lo largo y ancho de cientos de kilómetros, monumentos y templos en ruinas.

En los Códices detallaban cuantiosa información astrológica y, sobre la base de unas matemáticas sofisticadas, calculaban los movimientos del cielo nocturno, miles de años hacia el pasado y otros tantos miles de años hacia el futuro.

Podían predecir eclipses de sol y cultivaban el maíz, rigiendo toda su vida por el ritmo natural, siembras y cosechas, nacimientos y muertes. Los sacerdotes bendecían campos y cosechas, honraban a los dioses de forma apropiada a fin de recibir de ellos la garantía de un cielo agrícola, que permitiese que saliera el sol y llegaran las lluvias a tiempo para favorecer una cosecha abundante.

Palabras de una anciana Wintu de América del Norte, declaran con gran sentimiento la relación con su entorno, "Los blancos se burlan de la tierra, de los gamos o de los osos. Cuando nosotros, los indios, cazamos una pieza, comemos toda su carne. Cuando nosotros buscamos raíces hacemos pequeños agujeros. Cuando nosotros quemamos la hierba para combatir la langosta, no destruimos todo. No agitamos violentamente los árboles para obtener las bellotas o las piñas. No utilizamos más que el bosque muerto. En cambio el hombre blanco revuelve el suelo, abate los árboles, destruye todo." (7)

Este nexo se refleja también en la frase de un anciano Gagudju, "Tierra nuestra madre, águila nuestra prima. Arbol, él estar bombeando nuestra sangre. Hierba estar creciendo. Y agua. Y todos somos uno."

La actitud primaria fue de recolección e intercambio, no de apropiación, dominio o transformación. En esta forma de vincularse con la Naturaleza han tenido fuerte influencia las orientaciones filosóficas y religiosas.

1.3. ADAPTACION AL MEDIO

El entorno natural ha sufrido, y sufre, los mecanismos de adaptación de las sociedades. Bien es cierto que en una primera etapa de la humanidad, las condiciones ambientales generales sojuzgaban a los grupos, quienes debieron adaptarse a tales situaciones, o bien emigrar a otras latitudes.

El habitante del Paleolítico se defendió de las condiciones adversas, por frío o temor a otros animales, al abrigo de cuevas o grutas. En esta etapa se buscaron fórmulas y estrategias, más o menos efectivas y ventajosas, para adaptarse a las características naturales. El hombre era un recolector de alimentos y fabricante de utensilios relativamente adecuados a sus necesidades primitivas.

En el Mesolítico, la relación Hombre-Naturaleza se caracterizaba, principalmente, por la aparición de las primeras especies vegetales cultivadas y una incipiente cría de animales. Predominaban, no obstante, comunidades humanas que basaban su subsistencia en la recogida de alimentos silvestres, caza y pesca.

Hasta el Neolítico el fuego no es utilizado de forma sistemática, sea como factor de colonización o de dominio. Cuando el hombre toma conciencia del espacio geográfico, inmediatamente busca proteger y conservar sus posesiones. Necesita mantener el nexo con el territorio que ha conquistado.

Puede afirmarse que la dimensión ambiental aparece más evidente en aquellas comunidades que guardan una relación de dependencia directa con su entorno, tienen una gran capacidad de adaptación a la dinámica del sistema natural y, en cierto modo, prescinden de normas o reglas, escritas o no, pues la idea de la dependencia-necesidad está en la conciencia de cada miembro de la sociedad. En tanto que, en aquellos grupos sociales más "modernos" o "desarrollados", en los cuales el hombre va progresivamente alejándose de la percepción de los ciclos y procesos naturales, al poseer una enorme capacidad de transformación del medio, requiere y hasta exige la puesta en práctica de disposiciones jurídicas que regulen sus actividades.

Existen aún, en muchas regiones del planeta, agrupaciones sociales cuya principal actividad es la agricultura, siendo llevada a la práctica conforme a necesidades alimenticias, condiciones climáticas y particularidades de los recursos, entre otros aspectos. La dependencia con el entorno sigue siendo absoluta e indiscutible.

Ciertamente, las características propias de cada región condicionan directamente las formas y modos de adaptación del grupo social.

Los pueblos Masai de Kenya, por ejemplo, no conciben la cuantía de animales como símbolo de riqueza sino que, lejos de una consideración puramente económica o material, tienen en ellos una garantía que cubrirá las necesidades primarias en períodos críticos de escasez o sequía. Los Masai de Camerún, en tanto, adoptan unos la estrategia de ocupación del suelo en zonas secas, y otros se adaptan a las áreas húmedas, lo cual determina dos tipos de actitudes respecto al medio y a los recursos naturales disponibles.

En Sudán, cada familia puede utilizar la tierra mientras ésta conserva condiciones de fertilidad y, si bien mantienen un riguroso control sobre ellas, no acceden a la propiedad, erigiéndose en cuidadores de la tierra fértil; al extinguirse un grupo familiar las tierras se reincorporan al patrimonio de la aldea.

Las distintas normas de algunas tribus del Sahara, como los Tuareg o Maures, regulan las variadas formas de adjudicación, reparto o distribución de algunos recursos, tales como el agua y la tierra. En el caso de los Liptako, las tierras destinadas al pastoreo no pueden asignarse a personas individualmente consideradas, sino que pertenecen a la aldea como propiedad colectiva. Los Teda, consideran que los clanes o tribus pueden utilizar las tierras en comunidad, por tanto, las tierras de pastoreo no son de propiedad de cada tribu.

Desde el punto de vista de la conservación de las especies, en América del Norte, los pueblos Iroqueses evitaban la caza de hembras durante todo el período de cría, y los Kaska sólo permitían poner trampas a algunas especies, y a intervalos muy espaciados. Estas restricciones también fueron puestas en práctica por indios de las Islas de Vancouver y de los Grandes Lagos quienes, por ejemplo, desprendían las cortezas de los árboles en parte y de algunos ejemplares, regulando de este modo la actividad y preservando la especie.

Las adaptaciones al medio en el que se desarrollan las actividades vienen determinadas, generalmente, por el comportamiento y actitudes respecto al aprovechamiento de los recursos naturales. De allí deriva el grado de conservación o degradación ambiental de ciertas regiones.

Si bien en un principio la sociedad primitiva al desconocer los procesos naturales debió adaptarse a éstos, cuando dispuso de medios técnicos y descifró las leyes naturales, se propuso someter la Naturaleza, intentando que ésta sea la que se adapte a sus necesidades, conformado una situación cuya evolución es impredecible.

Las relaciones entre el hombre "desarrollado" con su medio han ido debilitándose paulatinamente, situación fomentada por diferentes circunstancias que operan conjunta o alternativamente, tales como, afán de lucro sin límites, posesión desmedida, materialismo descontrolado, absurda carrera de consumo y, en general, ausencia de escala de valores en la cual el entorno ocupe sitio preferencial, o bien, existencia de una escala de valores que no incorpora la dimensión ambiental.

El proceso de industrialización produjo fuertes alteraciones en el entorno y, al par, dio paso a las más variadas vías de obtención de recursos naturales, con el consiguiente inicio y desarrollo de grandes problemas ambientales.

1.4. CONDUCTA Y EFECTOS AMBIENTALES

El tipo de conducta de los grupos humanos es el que determina la magnitud de los diferentes efectos ambientales. Por ello, tras actitudes respetuosas con los recursos naturales resulta evidente la conservación y mantenimiento de los procesos que intervienen.

Consecuentemente, a mayor grado de respeto y uso racional de los bienes naturales, tanto mejor será el mantenimiento del equilibrio y estabilidad de los ecosistemas.

Por lo general se considera que los problemas ambientales son consecuencia del gran crecimiento demográfico de la mayor parte de las naciones pobres. En Rwanda, por ejemplo, el aumento de la población obliga a arar cada vez más tierras marginales, transformándose los pastizales y selvas en tierras de cultivo. Los períodos de barbecho se reducen, y la tierra cuenta con menos tiempo para su natural recuperación. La consecuencia es la erosión de los suelos y, en el mediano y largo plazo, la reducción de la fertilidad.

Sin embargo, las presiones que se ejercen sobre los sistemas sustentadores de la vida, no están determinadas exclusivamente por el número de habitantes.

Los hábitos y costumbres de la sociedad pueden convertirse en verdaderos aliados o en peligrosos enemigos de los recursos naturales y, por tanto, del sustento de los habitantes. Así, la pérdida o modificación cultural de muchos pueblos, determinada por múltiples causas, deriva en el deterioro de los recursos, lo cual presiona de tal forma que obliga a la emigración.

En otras regiones, especialmente del mundo "desarrollado", las pautas de consumo de materiales, energía y espacio, condicionan la disponibilidad de recursos e impulsan la degradación de la calidad ambiental.

Por ello, es importante una gestión adecuada de los recursos naturales, en base a pautas de comportamiento que respeten los ciclos y las leyes naturales, minimizando el empobrecimiento de tales recursos a medida que van creciendo las poblaciones.

En este aspecto, resulta interesante plantear la cuestión de hasta dónde se puede aumentar el nivel de consumo, traducido en materia y energía, sin afectar irreversiblemente los sistemas naturales que mantienen la vida de todos los seres. Las actitudes y estrategias futuras tendrán que centrarse en la utilización armónica del conjunto de bienes ambientales, y en la minimización de los efectos negativos sobre el medio globalmente considerado.

La Conferencia Hábitat II, o Cumbre para las Ciudades, (Estambul 1996), orienta sus objetivos en el futuro de las ciudades, reconociendo que es en las ciudades donde hará falta resolver los problemas de ambiente y de población, así como las cuestiones sociales, económicas y de igualdad entre los sexos.

1.5. PROBLEMATICA AMBIENTAL

1.5.1. Cuestiones básicas

En la calificación general de problemática ambiental, se resumen todas las cuestiones que determinan el progresivo deterioro de las condiciones ambientales que, en definitiva, influyen sobre la salud y el bienestar de los propios seres humanos.

El progreso contribuyó, conjuntamente con los avances científicos y tecnológicos, y con la formación de entramados sociales cada vez más complejos, a la consideración de los bienes ambientales como mercancía. El crecimiento económico alcanzado en los últimos dos siglos, junto a la colonización directa o indirecta de algunos países, también han contribuido a generar conflictos ambientales.

La búsqueda constante del mayor lucro y máximo beneficio y una cultura cada vez más materialista y antropocéntrica, conllevaron la desestabilización y empobrecimiento de los recursos naturales en muchas regiones del planeta.

a) ¿Por qué surge?

Puede decirse que la problemática ambiental surge, básicamente, porque la magnitud de la explotación del conjunto de recursos naturales va más allá de la capacidad de regeneración de los mismos, derivando en un prematuro agotamiento, degradación, o daño irreversible de los mismos.

"Uno de los peligros de nueva aparición, y de los más amenazadores, es el que se refiere al equilibrio ecológico. [...] hoy las mutaciones climáticas globales, el efecto invernadero, los agujeros en la capa de ozono, las lluvias ácidas, la polución de la atmósfera, de los suelos y del agua por culpa de los desechos industriales y domésticos, la destrucción de los bosques, etc., son temas habituales. A pesar de todos los esfuerzos realizados para frenar la catástrofe ecológica, el proceso de destrucción de la Naturaleza sigue a ritmo creciente. Muy cerca de constituir el equivalente a una amenaza ecológica se encuentran también las consecuencias de la putrefacción de la moral, por obra y gracia de las drogas, el alcoholismo, el terrorismo y la criminalidad." (8)

b) ¿Cuándo surge?

Surge cuando se detectan signos o síntomas de agotamiento o deterioro irreversible de los recursos naturales, debido a la explotación indiscriminada de los mismos.

Esta situación de escasez conlleva importantes desajustes económicos, sociales y políticos, deviniendo un estado general de crisis ambiental que condiciona futuras actividades.

Igualmente, aparece el problema ambiental cuando los recursos naturales al par de ser escasos, resultan esenciales. Y es la esencialidad, aspecto central que permanece latente en la desestabilización del conjunto de bienes naturales.

El nacimiento y consolidación de la conciencia o preocupación por el deterioro y agotamiento de recursos naturales, también puede considerarse como punto de partida de la problemática ambiental, porque es el reconocimiento de la situación el que abre la posibilidad de asumir responsabilidad frente al uso de los recursos, constituyendo por sí cuestión vertebral entre aceptar o ignorar el problema ambiental.

c) ¿Dónde surge?

Ante todo, en esta cuestión se debe diferenciar objetivamente entre localización de las causas y de los síntomas o signos de los problemas ambientales, dado que en determinados casos ambas circunstancias no presentan vinculación temporal ni espacial (es el caso de la denominada contaminación difusa).

Puede surgir, y de hecho surge, en cualquier lugar del planeta, siendo las características particulares de cada una de las regiones las que van condicionando el desarrollo de situaciones ambientales críticas.

Pero, a su vez, las particularidades de cada zona se configuran en dependencia directa con el uso y explotación que se haga de los recursos naturales.

La mala o errónea gestión de éstos, favorecerá la creación de áreas empobrecidas y debilitadas que no serán capaces de satisfacer las más mínimas necesidades, y estarán más expuestas al riesgo de sufrir daños ambientales.

d) ¿Cómo surge?

Surge de distintas formas según el tipo y clase de cultura, relación con la Naturaleza, respeto a ésta, y actitudes de conservación o de depredación de los bienes ambientales.

Pero, principalmente, surge por la generación, emisión y vertido descontrolado de diferentes sustancias ajenas al ciclo natural. Así como por ignorancia, negligencia, impericia, desconocimiento, imprudencia, falta de gestión, inconciencia y, fundamentalmente, equívoca, limitada o escasa información.

1.5.2. Problemas ambientales transfronterizos

La capacidad y potencial tecnológico del ser humano han provocado un desequilibrio en los sistemas de regulación del planeta, al generar daños ambientales cuyas consecuencias traspasan las fronteras de las naciones, afectando a países vecinos o, lo que es más grave, regiones muy alejadas del punto de origen de la afección ambiental.

Puede hablarse de cuatro tipos de problemas ambientales transfronterizos, según su origen o causa: natural, provocado, inducido-provocado, y accidental. Los de origen natural presentan características de desastre o catástrofe con consecuencias ambientales.

Como ejemplo de problema ambiental transfronterizo de origen natural, están los daños cualitativos-cuantitativos producidos por actividad volcánica.

Ya Plinio el Joven, describía el estrepitoso rugido del Vesubio en la mañana del 25 de agosto del año 79, que sacudió a Pompeya y a Herculano, "...una espantosa nube negra, rasgada por súbitos estallidos de fuego que se retorcían como serpientes y se abrían para mostrar llamaradas más grandes que el relámpago...Poco después la nube comenzó a caer sobre la tierra y a cubrir el mar. Ya había rodeado y oscurecido a Capraia, y ocultado también el Cabo Miseno."

En Islandia, en 1783, la erupción del Lakagígar cubrió una extensión de 500 km2 con alrededor de 12 km3 de lava, es decir, una extensión como la de Chicago enterrada bajo 22 metros de lava. Además, expulsó una enorme cantidad de bióxido de azufre, bióxido de carbono y flúor.

La neblina de gases se extendió por toda Europa y avanzó hacia el oeste de Asia y noroeste de Africa. La contaminación volcánica proveniente de la erupción de Islandia perjudicó algunas cosechas de Escocia y cubrió con una capa el norte de Italia.

La erupción del Krakatoa en 1883, entre las islas indonesias de Java y Sumatra, desencadenó una serie de olas sísmicas marinas (tsunamis) que alcanzaron a dañar embarcaciones fluviales de la Isla de Calcuta, situadas a unos 3000 km, y aumentaron las mareas del Canal de la Mancha.

En la última década, destacan los daños provocados por las erupciones de los volcanes Pinatubo y Hudson.

El desastre ambiental en el Golfo Pérsico, es un típico caso de problema ambiental transfronterizo provocado, como consecuencia directa del vertido intencional de cerca de siete millones de barriles de petróleo, y por la combustión de alrededor de seiscientos pozos en el desierto, quedando el futuro ambiental de esa zona seriamente comprometido.

Otro caso de problema transfronterizo de carácter provocado o, quizás, inducido, es el del cauce principal del río Danubio. Los daños ambientales derivados del Complejo Hidroeléctrico de Gabcikovo, sobre un tramo internacional entre Hungría y Eslovaquia, son ciertamente serios y comprometen más que el futuro ambiental del área, la herencia biológica para las generaciones venideras.

Las condiciones de la más grande reserva de agua potable en Europa Central corren riesgo inminente y de progresivo deterioro, (un 45% del consumo de agua en Hungría, por ejemplo, es abastecido por tal reserva).

Además, al encontrarse situado el Complejo sobre una falla geológica, el estado de vulnerabilidad del área frente a los riesgos de posibles seismos es también considerable; en caso de tal catástrofe, al romperse los diques del embalse y el cauce de cemento del canal artificial, una cantidad aproximada a 50 millones de metros cúbicos de agua retenida puede descontroladamente arrasar pueblos enteros y grandes extensiones de tierra agrícola.

El desvío del Danubio conlleva, en la zona de desecación del río, una notable disminución del nivel de las aguas subterráneas, con lo cual las raíces quedan sin agua, cae la producción agraria, se fortalece la sensibilidad a la sequía, se predispone el área a procesos irreversibles de erosión y desaparecen los centenarios bosques de galería. Paralelamente, en el área de embalse y como consecuencia directa del reembalse, existe el peligro real de aumento del nivel de las aguas subterráneas derivado de la infiltración.

Hay más de doscientas cuencas hidrográficas internacionales, cincuenta y siete en Africa, cuarenta y ocho en Europa, cuarenta en Asia, treinta y seis en Sudamérica y treinta y tres en América del Norte y América Central.(9)

Siempre ha dependido de la solidaridad y cooperación entre los Estados ribereños el aprovechamiento conjunto de los cursos de agua, creándose importantes organizaciones para la gestión y control de la navegación.

Las más antiguas organizaciones de este tipo corresponden a la regulación del uso de los ríos Rin y Danubio.

Desde siempre la utilización de los ríos ha posibilitado el origen de conflictos, esto al punto que la palabra rivalidad deriva del latín rivus (río), puesto que ha sido difícil la reconciliación de intereses de usuarios situados a uno y otro margen, como igualmente de los situados río arriba y de los ubicados río abajo. Por ello han surgido grandes y graves fricciones políticas en diversas partes del mundo.

Por ejemplo, en el Proyecto de Hidrovía Paraguay-Paraná, de mejoramiento de la navegabilidad de estos ríos en Sud-América para hacer de ellos una extensa vía fluvial, "Se intenta adecuar la estructura natural de los ríos al tipo de barcos existentes y no, como sería lógico, adaptar las embarcaciones a los sistemas fluviales sudamericanos, que son tan diferentes a los de Europa o Norte América." (10)

La hidrovía proyectada alcanza los 3400 kilómetros de longitud, desde las nacientes del río Paraguay hasta Puerto Palmira en Uruguay. Se ha señalado respecto a este Proyecto que, "...existe el riesgo de que los biomas (comunidades biológicas de grandes áreas) queden aislados definitivamente, por lo que los procesos biológicos a escala regional (como los grandes desplazamientos de animales, el reparto y el consumo espacial de los nutrientes, el aprovisionamiento de semillas a lo largo de los bosques de galería, así como el 'efecto esponja' que las cuencas ejercen simultáneamente a nivel continental) podrían afrontar un cambio global, cuyos resultados son difícilmente predecibles." (11)

Además, el problema de fondo es aún más grave, delicado y de muy complicada solución. Se trata de las comunidades indígenas que viven desde hace cientos de años en las fronteras de los cinco países implicados; "¿Qué sucederá con los indígenas Kadiwéu, Terena, Kinkinao, Kaiowá (Guaraní), Guató, Boror, Umuntina, Pareci, Komba, Ufaie-Xavante, Laiana y Xetá -nativos del Pantanal- una vez que la Hidrovía se construya? ¿Quién se hará responsable de la súbita pérdida de los conocimientos milenarios sobre los recursos silvestres que poseen los Angaité, Ayoreos, Chamacocos, Chulupí, Emok (Toba-Qom), Guaná, Lenga, Mby'á, Mak'á y Sanapaná, habitantes ribereños del río Paraguay? ¿Quién aceptará la culpa de la extinción de las culturas estrechamente ligadas a la conservación de la vida silvestre?" (12)

Otro caso que puede derivar en graves repercusiones socioambientales transfronterizas, es el del río Narmada en la India. Es éste un río sagrado, jalonado por numerosos templos antiguos y recorrido, a lo largo de sus 1300 kilómetros, desde el nacimiento hasta la desembocadura, por miles de peregrinos. El proyecto Sardar Sarovar tiene prevista la creación de un gigantesco embalse, que amenaza en convertirse en un gran desastre socioambiental para la región. Esta represa, la más grande de las centenares proyectadas para el valle del río Narmada, podrá crear un embalse con una longitud superior a doscientos kilómetros, que inundará veinticinco mil hectáreas de bosques y tierras fértiles y doscientas cincuenta aldeas, y un número superior a cien mil habitantes de la zona se verán forzados a abandonar sus hogares. De éstos, alrededor de sesenta mil pertenecen a tribus aborígenes.

Sin embargo, la mayor obra de aprovechamiento hídrico en proyecto se sitúa en China; es la denominada Presa de las Tres Gargantas, cuya construcción y funcionamiento podría originar el desplazamiento de más de un millón de habitantes, que verían desaparecer bajo las aguas sus pueblos y tierras de cultivo. El Banco Mundial y otros organismos, han cuestionado la viabilidad socio-ambiental de la obra, condicionando la aportación de fondos para su financiación.

Todas estas grandes actuaciones deben analizarse a la luz de la experiencia acumulada en las últimas décadas y, sin entorpecer el legítimo derecho a mejores condiciones de vida de los pueblos, encontrar el justo equilibrio entre protección del ambiente y desarrollo socio-económico.

Resulta importante en las cuestiones transfronterizas, recordar también un conocido conflicto que tuvo lugar entre los Gobiernos de Estados Unidos de Norte América y Canadá. Aún no tratándose de un caso de contaminación de un curso de agua internacional, dio paso a una importante sentencia en 1941, treinta años antes de la Conferencia de Estocolmo de las Naciones Unidas. Se trataba de la fundición de zinc y plomo situada en Trail, en la Columbia Británica (Canadá). De esta importante fundición emanaban grandes cantidades de dióxido de azufre que, en presencia de determinadas condiciones atmosféricas, fueron arrastradas más allá de las fronteras. Esta situación produjo graves daños a los recursos de la región limítrofe en territorio de Estados Unidos de Norte América.

En este caso el Tribunal sostuvo que "con arreglo a los principios del Derecho internacional y, asimismo, del Derecho de los Estados Unidos, ningún Estado tiene el derecho de usar o permitir el uso de su territorio en forma que el territorio de otro Estado o las personas o propiedades que allí se encuentren sufran daños por efecto del humo, cuando el asunto tiene serias consecuencias y el daño queda demostrado por pruebas claras y convincentes." (13)

Finalmente, los problemas transfronterizos accidentales, quedan ejemplificados con claridad en los numerosos derrames de grandes petroleros, escapes nucleares, vertidos tóxicos de diverso origen. Estos eventos, habitualmente imprevisibles y condicionados por multitud de factores, deben servir como advertencia y presión para la efectiva inclusión de los aspectos preventivos y precautorios, a través de rigurosos análisis de riesgos ambientales.

2. PROTECCION JURIDICA DEL AMBIENTE

"Para el que mira sin ver, la tierra es tierra nomás. Nada le dice la pampa, ni el arroyo, ni el sauzal. Pero la pampa es guitarra que tiene un hondo cantar, hay que escucharla de adentro donde nace el manantial. En el silbo de los montes, lecciones toma el zorzal, el cardo es como un pañuelo, dice adiós y no se va... Un mundo en cada gramilla, adioses en el cardal, y pensar que para muchos la tierra es tierra nomás."
Atahualpa Yupanqui

2.1. ASPECTOS GENERALES

En distintos contextos histórico-culturales se ha reconocido la necesidad de regular la utilización de los diferentes recursos naturales, unas veces con disposiciones que se transmitían por tradición oral y otras de forma escrita.

Así, algunas culturas han sido más tempranamente protectoras de los bienes naturales, imponiendo castigos ejemplares a los infractores. En tanto, otros grupos sociales comprendieron tardiamente la necesidad de cuidar el patrimonio natural, o bien no han percibido tal importancia, sufriendo los graves efectos de una progresiva degradación ambiental.

A través del desarrollo de las distintas culturas, se fueron generando profundas y crecientes diferencias entre los órdenes normativos fundamentales, el religioso, el moral y el jurídico. Estos tres órdenes aparecían confundidos en los orígenes de la civilización.

Al ir perdiendo vigor el sentimiento religioso, y no ser por sí suficiente para orientar y regir la conducta humana, se hizo necesario establecer normas obligatorias que impusieran soluciones con fuerza de Derecho y no sólo con la coerción de las creencias.

La paulatina complejidad de la vida social también impulsó y obligó a reglamentar una serie de instituciones y problemas, que tanto la moral como la religión no podían resolver. Así, el Derecho constituye un sistema que ha ido perfeccionándose, ampliándose y completándose a través de los siglos y según las realidades y necesidades de cada región.

Si se considera a la Naturaleza como el principal y primer acreedor del sistema social, no resulta extraña la instauración de normas jurídico ambientales que obliguen al sector público o privado, a cumplir con los umbrales y condiciones ambientales impuestas.

También se regulan inversiones de compensación ambiental, asegurando que aquellos beneficiados con la explotación de recursos, compensen al sistema natural por los daños causados devolviendo parte de sus ganancias.

La evolución de los grupos humanos, incluye la transformación paralela de los diferentes sistemas sociales y, por tanto, la necesidad de adecuación del entramado jurídico a nuevas demandas de la sociedad. Las modernas regulaciones ambientales incorporan progresivamente una serie de figuras adecuadas a la realidad. Tanto las que hacen referencia a las nuevas energías, tratamiento de residuos, técnicas preventivas, evaluación del impacto ambiental, como las de castigo o represión, reflejadas en algunos códigos penales (delito ambiental), responden directamente a esa constante evolución y cambio de los grupos sociales, sistemas económicos y procesos industriales.

Por ello se impone la adecuación y configuración de nuevas tipologías civiles, administrativas y penales de protección de bienes que, en otros tiempos no existían, o no se descubrían como útiles al hombre. En otros casos, resulta conveniente actualizar figuras de regulación que ya existían.

En muchas ocasiones, las prácticas modernas de explotación de recursos naturales, particularmente los agrarios, conllevan un marcado grado de alteración biológica; unido a ésto, al abuso en la incorporación al ciclo productivo de pesticidas químicos o la selección de variedades de alto rendimiento, imponen la necesidad de implementar y aplicar vías legales adecuadas, a través de la regulación específica de temas críticos y, desde luego, la determinación de la correspondiente pena en los casos que fuere pertinente.

Así pues, a fin de evitar o minimizar los diferentes efectos negativos sobre el normal funcionamiento del sistema natural, el hombre ha tenido que establecer una serie de limitaciones a su propia actividad transformadora, en muchas ocasiones perjudicial para el medio, por vía del desarrollo y aplicación de normas ambientales acordes a las necesidades de protección del entorno. Estas normas ambientales, al par de regular la actividad humana, pretenden prevenir o evitar riesgos, conservar ecosistemas y penalizar a infractores ambientales.

La cuestión jurídico ambiental no se limita sólo al mero enfoque de las consecuencias de la desordenada actividad humana, sino que, propugna una serie de disposiciones de carácter preventivo y precautorio, mediante las cuales se intenta evitar que una situación latente de riesgo ambiental se actualice, ocasionando o deviniendo en desastre ambiental. Es necesario insistir en poner límites racionales al crecimiento, al consumo y al despilfarro incontrolados, en aras de una economía ambientalmente sostenible y preservadora.

Se debe comprender que también la actividad económica evoluciona dinámicamente, al igual que la ciencia jurídica y el conjunto de ramas científicas. Por tanto, ciertas estrategias económicas deben ser revisadas a fin de adecuarlas a nuevas exigencias ambientales. Esta adaptación, en muchas ocasiones, debe derivar de una disposición jurídico ambiental apropiada, que determine y exija claramente las condiciones y limitantes de la actividad económica.

La humanidad no puede permitirse un enfrentamiento con el sistema natural, ni debe favorecer situaciones límite que pongan en peligro la estabilidad de tal sistema y, por tanto, de la vida integralmente considerada. La sociedad en conjunto tiene el deber de actuar con suma prudencia, sobre todo y especialmente, al elaborar y aplicar la norma ambiental.

Esta norma jurídico ambiental, cualquiera sea su naturaleza (civil, administrativa, penal) surge, principalmente, por necesidades e intereses contrapuestos entre el productor del daño ambiental, el afectado y el orden público o bien común.

Evidentemente, cada norma ambiental deberá ajustarse a la realidad y características integrales del lugar donde será aplicada, puesto que no se trata de "importar" y aplicar sin más disposiciones jurídicas de un lugar a otro, de una realidad a otra.

Cada situación es esencialmente particular y cuenta con diversas características que le singularizan y dan especificidad, por tanto requiere un tratamiento jurídico ambiental propio. Así, por ejemplo, el conjunto de normas comunitarias en materia de ambiente de la Unión Europea, refuerza el entramado jurídico ambiental de cada país miembro e impone, en muchas ocasiones, exigencias no previstas en el ordenamiento interno de los países comunitarios, así como también una serie de condiciones que deben ser adecuadas a las disposiciones jurídicas y según las cuales ciertas actividades no pueden realizarse, al menos hasta cumplimentar el mínimo de los requisitos impuestos. Sin embargo, se trata en su mayoría de normas que requieren adaptación a legislación nacional.

La irrupción de la problemática ambiental en el mundo científico y, por tanto, en el jurídico, ha significado la consideración y reconsideración de cuestiones distintas, y un desafío crucial, al reconocer el deber de revalorizar y reorientar los diferentes aspectos jurídicos hacia la óptica de la vertiente ambiental.

El ser humano se impone respetar la Naturaleza y sus leyes a través de otras leyes que elabora para su cuidado y protección; paralelamente, lucha para que se respeten éstas, controlando su conveniente aplicación a los casos que van surgiendo permanentemente.

2.2. ANTECEDENTES Y EVOLUCION

La cuestión jurídico ambiental tiene origen, probablemente, en la actitud predatoria del ser humano, basada en formas de explotación intensiva y acopio de recursos en el corto plazo, sin atender a la fragilidad y dinámica de las estructuras de los ecosistemas. Por ello, ante el proceso de expolio y degradación de los recursos naturales, los grupos sociales se impusieron controlar su comportamiento frente a la utilización de los diferentes bienes ambientales, a fin de ordenar y armonizar las actividades, y con el propósito teleológico y subyacente de reconsiderar la importancia del sistema natural, como soporte indispensable y determinante de la vida de todos los seres.

Desde los tiempos más remotos el ser humano ha dependido conciente o inconcientemente, directa o indirectamente, de la disponibilidad de recursos naturales. Si bien en un principio su existencia y supervivencia se basó, casi exclusivamente, en la recolección de frutos y en la caza de animales salvajes, su relación con el medio se fue complicando paulatina y progresivamente, acelerando los procesos de deterioro de los elementos naturales.

Se puede considerar que comenzó a intervenir efectivamente sobre procesos naturales, cuando inició la recolección discriminada o selectiva de frutos y semillas, y la elección de animales en sus actividades de caza. Pero, este tipo de intervención sobre la Naturaleza, durante milenios de incidencia humana, no provocó un significativo deterioro o destrucción de la biosfera.

La incorporación de prácticas agrícolas intensivas y la domesticación de ganado, con el consiguiente proceso de asentamiento de poblaciones en núcleos, y el aumento de presión demográfica constituye, sin duda, el inicio de una cadena de utilización gradual de los recursos, que conduce a la situación actual de preocupación por el mantenimiento de los delicados mecanismos, en los que se basan los procesos vitales.

A lo largo de la historia de la civilización, por diferentes motivos, no han faltado pueblos preocupados por la salubridad y bienestar general, así como por la conservación de diferentes especies de animales y vegetales.

Sin embargo, no es hasta iniciado el siglo XVIII que comienza a percibirse, con cierto grado de claridad, un rumor que se queja de la destrucción de origen antrópico de los bienes naturales. Este primitivo susurro cristalizó en importantes acciones específicas de conservación hacia fines del siglo XVIII y en el siguiente.

Algunos hechos curiosos servirán para ilustrar esta evolución de la conciencia colectiva, dirigida a la protección y conservación de los recursos naturales.

Posiblemente los antiguos babilonios o egipcios reservaron para uso general una parte de sus tierras públicas. También se supone que los griegos y romanos hicieron lo mismo, ya que fue el legislador Justiniano quien abogó por el principio de que las orillas del mar pertenecían al pueblo.

Platón, hace unos 2300 años, recomendaba la necesidad de reforestar las colinas de Atica (Grecia), a fin de regular las aguas y evitar la erosión.

En China, hace siglos, se establecieron parques para la exhibición de animales; igualmente, los bosques sirvieron de protección y resguardo a los venerables señores mayores y dignatarios.

En la India hay claros ejemplos de áreas naturales especialmente reservadas para la total protección de aves y otros animales. También se delimitaron las llamadas "Abbayaranya", lugares destinados a los animales para que pudieran vivir libremente sin temor alguno al hombre.

Por otra parte, en la Ley de las XII Tablas (490 a.J.C.), se encuentra una disposición referida a que los cuerpos de los hombres muertos no podían ser sepultados ni cremados en la ciudad. Otra antigua norma señalaba que los cuerpos de los muertos no podían incinerarse, ni se permitía instalar crematorio alguno en un radio de sesenta pies del sitio poblado, requiriendo además el correspondiente previo permiso del propietario.

El Digesto (s.VI), puede que sea el primer cuerpo de normas en mencionar el término contaminación tal y como se lo conoce en la actualidad, "Ofende las buenas costumbres quien echara estiércol a alguien, o le manchara con cieno o lodo, o ensuciara las aguas y contaminara las cañerías y depósitos u otra cosa en perjuicio público." Texto que es traducción del siguiente, "*Fit iniura contra bonos mores...si quis...aquas spurcaverit, fístulas, lacus quidve aliud ad iniuriam publicam contaminaverit: in quos graviter animadverti solet.*" (=Pauli Sent. 5,4,13)

El delito ambiental como tal, encuentra normas precursoras de la regulación contemporánea en antiguos cuerpos legales como, por ejemplo, el Título II, Ley II y III del Fuero Juzgo (s.VII), en el que se sanciona de forma múltiple y mixta, al castigar con penas corporales (cincuenta azotes) y reparación del daño causado, o de tipo pecuniario pagando el valor de lo dañado e, incluso, con la muerte.

Aunque de forma un tanto primitiva, antiguas culturas castigaron las conductas agresivas para con la Naturaleza, quizás sin racionalizar la situación, pero sí con un alto grado de conciencia acerca de la dependencia vital con el sistema natural.

En un contexto espacial y temporal distinto, la actividad agrícola del pueblo mudéjar es, sin lugar a duda, consecuencia directa de la actitud y predisposición filosófico-religiosa de esta cultura. En palabras de Mahoma: "...a todo aquel que planta o siembra alguna cosa y del fruto de sus árboles o siembras comieran los hombres, las aves y las fieras, todo esto se le reputará como si efectivamente hubiese dado limosnas..." Es destacable que el respeto por la Naturaleza y por las leyes de ésta, constituye norma diaria en el pueblo mudéjar. Esto se advierte en los distintos tratados de legislación musulmana, puesto que se afanaban por hacer buenos los cultivos, por perfeccionar las técnicas, por depurar las prácticas de riego, por construir magníficos acueductos y fuentes, por diseñar exquisitos jardines y productivos huertos.

En el antiguo Derecho español se pueden encontrar importantes normas relacionadas con la conservación, cuidado y protección de los bienes naturales.

En el Fuero Juzgo (s.VII), destacan diecisiete normas referidas a los bosques; son los Títulos II y III donde con mayor precisión se establecían penas graves para los infractores. Las Leyes II y III del Título II y la Ley VI del Título III, disponían una serie de penas combinadas tales como cincuenta a ciento cincuenta azotes, reparación del daño causado a los montes, pago del valor de aquello que quemó o pena de muerte. Por su parte, en el Fuero Viejo de Castilla se establecían principios sobre el replantío obligatorio y responsabilidades por daños.

En el Fuero de Cuenca (s.XII), destaca la referencia sistemática a la limpieza de las fuentes; se disponía que aquella persona que ensuciaba la calle, debía pagar el importe correspondiente a cinco sueldos además de limpiarla. En el Fuero de Usagre (s.XIII), también se interpretan normas de carácter ambiental.

En algunas disposiciones del Fuero de Soria se recogen costumbres agrícolas ancestrales. Resulta fundamental el Capítulo XXVI que trataba el riego y las aguas. Se especificaba que si el agua de los molinos fuese necesaria para los campos, se debía entregar tres días a la semana desde el primer día de mayo hasta el quince de agosto, y el resto del tiempo dos días a la semana. Mandaba, además, que las huertas se debían regar primero, y luego los molinos, cáñamos, prados y los restantes frutos. Este documento legal de fuertes connotaciones agrarias es, quizás, dentro de su sencillez, el más claro y perfecto de la época.

En las Partidas del Rey Alfonso X El Sabio (s.XIII), hay una declaración expresa acerca del valor de ciertos bienes naturales tales como el agua y el aire, reflejada en la Partida 3ª, Título XXVIII, Ley III. Eleva a la categoría de bienes universales y patrimonio común de la humanidad a las aguas de la lluvia, el aire, el mar y su ribera, "*Quales son las cosas que comunalmente pertenecen a todas las criaturas - Las cosas que comunalmente pertenecen a todas las criaturas que biuen en este mundo, son estas; el ayre, e las aguas de la lluuia, e el mar, e su ribera. Ca qualquier criatura que biua, puede vsar de cada vna destas cosas, segun quel fuere menester. E porende todo ome se puede aprouechar de la mar, e de su ribera, pescando, o nauegando, e faziendo y todas las cosas que entendiere que a su pro son.*"

El Fuero Real (s.XIII), contiene una disposición de resultados extremadamente graves para penalizar al infractor. Es concretamente el Título V, Ley XI, acerca de las penas para quien quemare cereales u otras cosas, "*Todo home que á sabiendas quemáre mieses agenas ó pan en eras, ó casas, ó monte, quemen á él por ello, é peche todo el daño que ende viniere,...*"

Cuando los españoles llegaron a México, capturaron al Emperador azteca Moctezuma, éste tuvo derecho a pedir una sola gracia, que le fue concedida, pudiendo así visitar y disfrutar de sus jardines durante su cautiverio. Cervantes de Salazar relató que Moctezuma cultivaba árboles en la cima del cerro Chapultepec, porque en la base se encontraba su residencia y gustaba ver la maravillosa vegetación, al haberse dispuesto una serie de jardines colgantes y bosquecillos con diferentes especies vegetales.

Las civilizaciones preincaicas, ensalzaron a la "Pacha Mama" (madre tierra) y respetaron sus ciclos y procesos, rindieron verdadero culto a los recursos naturales, y establecieron severas normas con las que se castigaba a los infractores.

En el Imperio Inca, se dictaron y cumplieron eficaces medidas para la protección de la agricultura y para facilitar los trabajos del campesino. La utilización del suelo por parte del agricultor incaico, se basaba en principios de agricultura verdaderamente razonados. Legalmente se disponía la cantidad de agua que correspondía a cada agricultor, estando la tarea de seguimiento y control a cargo de inspectores reales, quienes velaban por la correcta distribución y destino del recurso agua asignado a labores de riego.

El Inca Garcilaso de la Vega describe en sus Comentarios Reales la protección de las aves productoras de guano, "Había tanta vigilancia en guardar aquellas aves, que al tiempo de la cría a nadie era lícito entrar en las islas, so pena de la vida, porque no las asombrasen y echasen de sus nidos. Tampoco era lícito matarlas en ningún tiempo, so la misma pena."

La Nueva Recopilación (1548), en el Libro Séptimo, Título VII, establecía una serie de normas acerca de la protección de las masas forestales. Mandaba en la Ley XV, entre otras obligaciones, que se debían plantar nuevamente aquellas especies que hubieran sido taladas o quitadas. La protección de animales y la plantación de especies forestales, evitar el menor daño posible, reducir cualquier tipo de perjuicio en montes y pinares, quedaba reflejado en la misma Ley XV, orientada en conjunto al logro del bien común, "*...y porque es bien univerfal al bien, y pro común de las dichas Ciudades, villas y lugares*."

Las Ordenanzas de Granada (1552), establecían una serie de importantes disposiciones relativas al cuidado de la ciudad (normas de urbanismo), limpieza de las aguas y daños potenciales al medio. El Título II.4. es un claro reflejo de los actuales vertederos para residuos sólidos urbanos, puesto que exigía la obligación de arrojar las menudencias en aquellos sitios especialmente preparados y destinados a tal fin. La pena prevista era pecuniaria y complementada con la obligación de limpiar aquello que se hubiera ensuciado. El Título 86.2.3. prohibía expresamente arrojar basuras, restos o cualquier tipo de desperdicio, "*2. Afsimismo ninguna tierra, ni cafcajo, ni eftiercol, ni vafura, no fe ha de echar arrimado a los Adarues de efta Ciudad, ni por defuera, fo la dicha pena. 3. Hablaron, en que adelante de la puerta de Elvira efta mucho eftiercol, y cafcajo, de que viene mucho daño:...*"

En 1576 el Príncipe de Orange y Holanda, adoptó un conjunto de disposiciones para que el bosque de La Haya (Haagse Bos) se mantuviera perpetuo para disfrute y conocimiento de las generaciones venideras. Por su parte, Alejandro von Humboldt fijó uno de los primeros fundamentos con sentido integral para la protección de los bienes naturales, estableciendo la protección del conjunto de la Naturaleza globalmente considerada, y no sólo determinada especie animal o vegetal. Fue, asimismo, el creador del concepto "monumento natural" y, por supuesto, el promotor de la teoría de la ecología.

En las trascendentes Ordenanzas del Común de la Villa de Segura y su Tierra (1580), se advertía, entre otros diversos aspectos de conservación, acerca de la técnica del barbecho, y el daño que produce el ganado al atravesar los campos luego que ha caído la lluvia. Se exaltaba la necesidad de impedir que los pastores dejasen libres a los animales en los barbechos, por el daño y perjuicio derivados. Los animales podían pasar siempre que hubieran transcurrido al menos tres días posteriores a las lluvias. Las penas que se fijaban eran pecuniarias, según sea el ganado cabrío, lanar, vacuno, puercos, yeguas u otras bestias. Estas Ordenanzas, en razón de la importancia del contenido de su regulación y aplicabilidad actual, han sido merecedoras de difusión para conocimiento general.

La Real Orden Penal (1748) en relación a los dañadores de montes combinaba los tipos de sanciones, variando según si la infracción se cometía por primera vez o se trataba de reincidencia. Las penas no consistían solamente en pago en metálico, sino también podía tratarse de la realización de trabajos personales en beneficio de los montes, durante el tiempo que se considerase proporcionado al daño cometido.

En la América colonial las vicuñas fueron objeto de especial atención, ello al punto de promulgarse una Real Cédula en 1777 que prohibía matarlas en cacerías, y sólo podían ser esquiladas delante de un representante veedor nombrado por las autoridades. Tampoco se permitía su caza durante la época de cría o parición.

Precisamente, por vía jurídica, nace el verdadero concepto y finalidad de los parques nacionales. Inicia, se desarrolla y proyecta a partir del año 1870, fecha en la cual el joven abogado del Estado de Montana Cornelius Hedges afirmó, "Me parece que Dios hizo esta región para que todo el pueblo y todo el mundo vea y se regocije para siempre. Es imposible que alguna persona llegara a pensar que podría adueñarse de algo de esta tierra, como de su propiedad y provecho. Este gran bosque no nos pertenece... nunca debe ser cambiado, obligándonos a mantenerlo siempre sagrado, como se lo ve ahora..." Como resultado de este pensamiento, en 1872 se crea por Ley el famoso Parque Nacional Yellowstone.

El tipo y ritmo de utilización de los recursos naturales incide notablemente en el equilibrio ecológico, puesto que las actividades humanas pueden afectar a todo el sistema y, por tanto, a sus mecanismos reguladores. Cada una de las especies desempeñan un papel importantísimo en el entramado de la vida, y en muchas ocasiones el hombre ha tenido que poner límites a la actividad depredadora de cazadores o pescadores, fijando las formas de realizar la actividad, estableciendo las épocas de permiso y veda, o determinando ciertos umbrales o límites de prohibición.

Estas limitaciones también tienen precedentes en antiguos cuerpos jurídicos tales como, por ejemplo, la Nueva Recopilación, "*Ley III. Otrosi mandamos, que no fe pueda caçar con laços de arambre, ni con cerdas, ni con redes, ni con otro genero de inftrumento, ni con reclamos, ni bueyes, ni con perros nocharniegos, fo pena de feis mil marauedis...*", o las Ordenanzas de Granada, "*Tit.129.1. Que ninguno fea offado de pefcar truchas, ni pezes, cortando los ríos, y enturbiandolos con tierra, o arena, o yeruas, fo pena que por cada vez que lo hiziere, pague mil marauedis de pena;...*"

Pero, en general, sea por ausencia de normas ambientales o por falta de aplicación adecuada de éstas, el sistema natural se ve afectado como consecuencia de prácticas y/o técnicas de producción no acordes con las leyes de la Naturaleza.

A mediados de la década de los años cuarenta, con el nacimiento de la era nuclear, va floreciendo un incipiente nivel de conciencia ambiental colectiva. Esto se refleja en movimientos sociales, manifiestos, publicaciones.

Tales acciones destacan, como cuestión primera entre las más urgentes, el problema de la supervivencia de la raza, seriamente amenazada por los indicios del posible agotamiento de los recursos naturales y/o por la sorprendente acumulación de todo tipo de residuos.

Gran parte de esas actuaciones defendían posturas nacidas de la observación careciendo, por tanto, de bases científicas sólidas, que permitiesen aportar datos fundados en análisis y en estudios detallados acerca del comportamiento de los ecosistemas, o de las interrelaciones entre los organismos.

A finales de la década de los años sesenta, con las primeras visiones espaciales del planeta Tierra, se comprueba la limitación de los recursos disponibles y la relación entre los sistemas naturales.

En 1968 se convoca en París la Conferencia intergubernamental de expertos para la discusión de las bases científicas de la utilización y conservación de los recursos de la biosfera. Se definen en esta Conferencia, organizada por la UNESCO, la existencia de relaciones entre el desarrollo económico y social y la utilización de los recursos naturales. Igualmente, se subraya que la conservación no debe considerarse como un obstáculo.

Tras esta importante Conferencia quedó evidente el poco conocimiento disponible sobre calidad y cantidad de recursos naturales, y de metodologías de investigación en el área ambiental. Por tal razón, en 1971 se pone en marcha el Programa internacional de la UNESCO sobre el Hombre y la Biosfera (MAB).

El objetivo del Programa MAB se centra en aportar el fundamento científico y el personal capacitado necesarios, para tratar los problemas relacionados con la explotación y conservación de recursos naturales y con los asentamientos humanos. Las acciones del Programa se realizan dentro de una variable filosófica que considera al hombre como un elemento más de los ecosistemas.

Progresivamente, y en razón del deterioro ambiental ocasionado por distintas actividades humanas, constituciones de diferentes países incorporaron la temática ambiental.

La Constitución española (1978) recoge la preocupación ambiental en el artículo 45, "1. Todos tienen el derecho a disfrutar de un medio ambiente adecuado para el desarrollo de la persona, así como el deber de conservarlo. 2. Los poderes públicos velarán por la utilización racional de todos los recursos naturales con el fin de proteger y mejorar la calidad de la vida y defender y restaurar el medio ambiente, apoyándose en la indispensable solidaridad colectiva. 3. Para quienes violen lo dispuesto en el apartado anterior, en los términos que la Ley fije se establecerán sanciones penales o, en su caso, administrativas, así como la obligación de reparar el daño causado."

La importancia y complejidad de los problemas ambientales, han presionado la elaboración de disposiciones de características cada vez más estrictas. No obstante, el ánimo impreso por el legislador en la norma, raramente se traduce en un cumplimiento y seguimiento eficaces, sobre todo y especialmente por falta de mecanismos de control adecuados.

Resulta evidente que, a la luz de la actual legislación ambiental, y si bien se ha avanzado considerablemente en este campo, no es suficiente para dar solución apropiada a los innumerables problemas que acarrea la sociedad moderna, con su elevada capacidad de consumo y derroche.

La regulación jurídica debe abarcar integralmente la problemática ambiental considerando, en especial, los avances de la técnica en los distintos campos de la actividad humana en relación a los efectos sobre el entorno. Al par, las normas ambientales deben estar impregnadas de una visión actualizada que determine con nítida claridad los límites, derechos, deberes, responsabilidades y sanciones para cada caso, a fin de evitar en la práctica serios conflictos de orden económico y jurídico ambiental.

La norma jurídico ambiental debe estar, necesariamente, al servicio del complejo binomio sociedad-ambiente, regulando prácticas adecuadas que eviten o impidan actividades contaminadoras en origen, o sea, desde la fuente misma de producción. Debe tender a ser más preventiva que represiva, adelantar la vocación preventiva antes que reprimir las conductas ambientalmente dañosas.

En este aspecto, tienen aplicación directa dos Principios fundamentales: el de precaución-prevención y el de tratamiento de causas y síntomas. Mediante la prevención, la norma ambiental pretende anticiparse a los efectos negativos y asegurar en alguna medida la protección, conservación y correcta gestión de los recursos.

En el medio rural, con el progresivo empobrecimiento de los suelos, soporte indiscutible de toda actividad humana en particular, y de la vida en general, disminuyen la potencialidad productiva y la capacidad de regeneración de los ecosistemas contribuyendo, al mismo tiempo, a agravar el estado de diversidad del sistema natural, volviéndolo cada vez más inestable, frágil y vulnerable.

Pero, el deterioro de la armónica relación entre el hombre y la Naturaleza es más evidente en el medio urbano, donde se generan conflictos ambientales específicos. Si bien inicialmente los asentamientos humanos se instalaban en zonas óptimas, dotadas de los necesarios recursos naturales en calidad y cantidad, el crecimiento incontrolado y mal planificado ha conllevado una serie de consecuencias socio-ambientales encadenadas, junto a una notoria y progresiva degradación de los recursos.

Los acelerados e intensos procesos de urbanización sin bases ni directrices que obedezcan a un desarrollo planificado, han complicado el entramado urbano originario, dando lugar a la creación de zonas marginales, hacinamiento y falta de orden y control integral.

Surge, entonces, un conjunto de normas puramente urbanísticas primero y urbanístico-ambientales posteriormente, que procuran reordenar, clasificar y calificar los distintos tipos de suelos, asignar diferentes usos dependiendo de sus características, ubicación y potencialidad, planificar las actividades humanas, delimitar zonas de recreo, de uso intensivo, industrial, residencial, protegiendo especialmente las zonas agrarias periurbanas. Así, se va desarrollando una serie de disposiciones jurídicas específicas, como respuesta a las necesidades de armonizar la ocupación urbana con la protección ambiental.

Si bien es, quizás, en el conjunto de actividades legalmente sometidas a evaluación del impacto ambiental, donde más claramente se refleja la comprensión y preocupación por el ambiente, también aparece ésta, por ejemplo, en la regulación acerca de los distintos límites o umbrales para las emisiones, inmisiones y vertidos, en la obligación del cumplimiento de determinadas exigencias en el depósito de vertidos, en la localización y condiciones generales de vertederos, en las características de las aguas dependiendo del destino de éstas y, en general, en la incorporación de la variable ambiental en la toma de decisiones de las diferentes políticas, lo cual repercute a su vez directamente en las regulaciones jurídico ambientales de las actividades humanas.

Con la firma del Acta Unica (1986) se dio un paso significativo en el tratamiento de la problemática del ambiente, pues ésta al modificar el Tratado de Roma constitutivo de la Comunidad Económica Europea, incorporó el Título VII relativo a las cuestiones ambientales.

La Cumbre de Río de Janeiro (1992), que aprobó la Agenda 21, la cual aboga por introducir cambios en el desarrollo de las actividades económicas, la correspondiente Declaración de Río, las Previsiones sobre bosques, y los Convenios relativos a cambio climático y biodiversidad, así como el Quinto Programa de acción comunitaria en materia de ambiente y desarrollo sostenible (1993-2000), son claros ejemplos de una vocación jurídica definida y perfilada hacia la resolución integral de la problemática ambiental.

En la misma línea, el Tratado de la Unión Europea (1992), en la primera parte acerca de los Principios señala, "2. La Comunidad tendrá por misión promover,...un desarrollo armonioso y equilibrado de las actividades económicas en el conjunto de la Comunidad, un crecimiento sostenible y no inflacionista que respete el medio ambiente, ...3. Para alcanzar los fines enunciados en el artículo 2, la acción de la Comunidad implicará, en las condiciones y según el ritmo previsto en el presente Tratado: j) el fortalecimiento de la cohesión económica y social; k) una política en el ámbito del medio ambiente;" (El mencionado Título VII introducido por el Acta Unica pasa a ser el Título XVI en el Tratado de la Unión Europea, siendo por éste ampliamente desarrollado).

En resumen, la necesidad de preservar los recursos naturales determinó desde antiguo el dictado y efectiva implementación de disposiciones jurídicas de diferente naturaleza. Así, las viejas normas penales resultaban, por lo general, severas, traduciéndose en castigos corporales, privación de libertad, compensación económica, restitución de lo dañado, prohibición de aprovechamiento, confiscación de bienes, destierro, e incluso pena de muerte.

Aunque la intervención humana en el entorno se ha vuelto progresivamente más intensa, compleja y dañosa, esas antiguas y fuertes regulaciones se han convertido hoy en frágiles y complejos entramados legales, que impiden la imposición de castigos adecuados a los autores de delitos ambientales. Por ello resulta importante tener auténtica vocación por la protección del bien jurídico, y ejercer una tarea continua de vigilancia y control en la efectiva aplicación de las normas.

Son, en la actualidad, numerosas y variadas las disposiciones jurídicas referidas a la cuestión ambiental. Que exista tal base legal, no significa que los problemas ambientales tengan asegurada su solución, dado que si no se cuenta, además, con una adecuada base estructural funcional de control, con un marco institucional de gestión administrativa, y con conocimientos previos por parte de quienes tienen que aplicar la disposición jurídico ambiental, mal puede pretenderse la protección del medio y lejos se estará de hacer de las normas jurídicas herramientas útiles al servicio de la comunidad.

3. DERECHO AMBIENTAL

"En esta problemática es difícil aislar problemas individuales o proponer soluciones de tal índole; todo problema está interrelacionado con los demás; cada aparente solución a un problema puede repercutir o interferir en otras; y ningún problema o combinación de problemas puede abordarse con los métodos lineales y secuenciales del pasado."

Aurelio Peccei

3.1. CONCEPTO

Sería aventurado afirmar que el Derecho ambiental se perfila como una rama autónoma del ordenamiento jurídico, pues éste es una unidad o sistema de normas que no admite la existencia de regímenes totalmente separados.

Por tanto, adquiere relevancia en la medida en que se integra a un circuito de normas, a una interconexión progresiva de preceptos cuyo principio y fin es la Constitución.

Tampoco podría decirse que forma parte de una rama especial del Derecho público -el Derecho administrativo-, puesto que hoy se hace difícil mantener la tradicional división entre el régimen jurídico público y privado.

Se asiste a un doble movimiento de infiltración de las instituciones jurídico-públicas en el régimen que rige las relaciones entre los particulares, y a una privatización de las reglas que presiden la organización y funcionamiento del Estado y sus instituciones.

¿Cuál sería, entonces, la ubicación del Derecho ambiental dentro de las diferentes disciplinas jurídicas? Según entienden algunos autores, este Derecho invade prácticamente todas las ramas conocidas de las ciencias jurídicas, ello en el sentido que lo ambiental, en tanto objeto de tutela jurídica, tiene que ver con el régimen jurídico administrativo del Estado, con el régimen de las relaciones Estado individuo, y de los individuos entre sí. Igualmente, incursiona en casi todas las ciencias, tomando parte de éstas y, a su vez, permitiendo la intervención de aquellas.

Podría entenderse, que equivale a Derecho ecológico, pero tal punto de vista remite, en realidad, a una comprensión excesivamente amplia del Derecho ambiental. Una cosa es que, efectivamente este Derecho responda a consideraciones ecológicas y otra, el que deba aglutinarse sometiendo a un tratamiento relativamente unitario, todos los sectores de normas que, en definitiva, trascienden a las relaciones del hombre con la Naturaleza.

Así por ejemplo, el Derecho de familia, con sus implicaciones demográficas, tiene consecuencias ambientales ciertas, y lo mismo podría decirse de las repercusiones del Derecho mercantil, forestal, agrario, minero.

Si bien el Derecho ambiental siempre tiene presente intereses colectivos, aparecen también implicados intereses y derechos individuales, para cuya defensa el Derecho privado venía y viene ofreciendo cauces específicos.

Paralelamente, el ordenamiento civil puede concurrir a la defensa del ambiente, en cuanto que si consigue modificar conductas, aunque haya sido sólo en función de los perjuicios ocasionados a un particular, la sociedad será, en última instancia, la beneficiada.

Este Derecho incide sobre conductas individuales y sociales, sea para prevenir y, en última instancia, remediar las perturbaciones que alteran el equilibrio del entorno. Son, naturalmente, perturbaciones de cierta entidad, que no pueden ser reabsorbidas y eliminadas por los procesos intrínsecos de los propios sistemas.

No sólo es necesario el mantenimiento de los requisitos ambientales, imprescindibles para la conservación del sistema ecológico en el cual está inserto el hombre, sino que deviene fundamental la obtención de una cierta calidad de vida. La precisión de este concepto es aún más difícil de determinar que el umbral de la agresión biológica.

La calidad de vida ha sido definida por el Instituto Argentino para la calidad de Vida, como "el conjunto de condiciones espirituales, éticas y materiales en que se desenvuelve una comunidad, en un espacio y en un tiempo dados, condiciones que hacen posible para cada uno de sus integrantes una existencia sana, feliz, trascendente, solidaria y libre en optimicidad creciente." (14)

Y a ésto debe contribuir el Derecho ambiental, a alcanzar esas condiciones para que todos los seres puedan vivir con dignidad y bienestar. Porque, en sentido amplio, calidad de vida significa vivir plenamente en libertad y ajeno a cualquier forma de violencia. Es decir, que los tipos de degradación ambiental en sus distintas manifestaciones constituyen, sin lugar a duda, actitudes agresivas que provocan menoscabo de las libertades que permiten la existencia saludable y sostenible de las generaciones.

El concepto de calidad de vida, "reivindica una visión distinta en la valoración y efectos de los objetivos económicos de tipo cuantitativo. Las metas político económicas y sociales no deberían ser tanto de crecimiento económico cuantitativo y de crecimiento material del nivel de vida humano. Ello sería posible gracias a un mejor desarrollo de la infraestructura social, unido a la supresión de disparidades tanto espaciales como sociales,..." (15)

Entre otras finalidades, lo que se pretende con la vigencia de este Derecho es controlar integralmente la contaminación, cualquiera sea el tipo y grado, que se produce a costa no sólo de los diferentes elementos ambientales, sino también de toda la sociedad. Entonces, presenta un aspecto en cuanto lucha contra la contaminación, y otro, en tanto postula la consecución de un ambiente aceptable. La unidad relativa de este orden no implica, necesariamente, su recopilación en un solo cuerpo legal.

El Derecho ambiental y, más específicamente, la Legislación ambiental, entendida como un sistema orgánico de normas que contemplan las diferentes conductas protectoras o agresivas del ambiente (sean directas o indirectas, para prevenirlas o reprimirlas), puede estructurarse internamente sobre la base de categorías de comportamientos que son capaces de repercutir, positiva o negativamente, sobre los distintos elementos objeto de protección jurídica.

Dentro del ordenamiento legal ambiental, se pueden distinguir aquellas disposiciones generales no orientadas específicamente a la protección de los elementos ambientales, pero que pueden ser utilizadas para estos fines, de otras más específicas y directamente establecidas u orientadas a la tutela del ambiente. En el primer grupo pueden incluirse las normas relacionadas con el urbanismo o con la policía industrial, puesto que al regular las características de esas actividades, contribuyen a que sean acordes con los imperativos ambientales. En tanto que en el segundo grupo se encuentran, por ejemplo, las regulaciones de impacto ambiental, información ambiental, traslado transfronterizo de sustancias peligrosas. Cabe realizar una sistematización del ordenamiento jurídico por sectores ambientales y, en su caso, por actividades, procurando en tanto sea posible, dar a la normativa sectorial el tratamiento unitario e interdisciplinario que demanda la problemática del ambiente.

La gravedad de las agresiones producidas al entorno y la necesidad de restablecer el medio natural adecuado al desarrollo humano, han llevado a reconocer un Derecho específico para las cuestiones ambientales, el cual se manifiesta como un Derecho globalizador e integrador y, al mismo tiempo, regulador de conductas agresivas del ambiente.

Es un Derecho a la vez general y específico que lleva intrínseco los caracteres de simpleza y complejidad, no sólo en la elaboración e interpretación de las normas ambientales sino, paralelamente, en el momento de su aplicación concreta.

Todo ordenamiento jurídico ambiental debe tener como principal objetivo que se pueda vivir en armonía con el entorno, pero también cómo se puede vivir (calidad de vida). Y, en este sentido, debe incluir en sus normas la advertencia que los bienes ambientales con sus procesos naturales constituyen por sí, por la necesidad de su conservación, y por la grave puesta en peligro durante los últimos años, un interés supraindividual, por tratarse de fuentes de riqueza insustituíbles y necesarias para el desarrollo de la humanidad y para la vida de todos los seres.

El Derecho ambiental asume una problemática multi e interdisciplinaria, y adquiere trascendencia como disciplina científica, en el momento que se comprende que el entorno constituye un todo, en el cual los diferentes elementos están en permanente interacción.

La investigación jurídico ambiental se enfrenta a obstáculos no imposibles de vencer pero si difíciles de eliminar, tales como la gran dispersión legislativa que deriva en una tarea sumamente compleja para el jurista. Son barreras problemáticas tanto la falta de unidad de criterios como el carácter contradictorio del Derecho, y un marcado desorden entre las competencias administrativas, civiles y penales. De este modo y como consecuencia directa de la dispersión jurídica, al par que el Derecho se ve sorprendido por nuevas formas de perturbación ambiental, se dificulta determinar, en el momento oportuno, la competencia y la jurisdicción.

Esta visión del Derecho debe contar en su esencia con una realidad dinámica que no puede permitirse desconocer puesto que, se expone al grave peligro de no poder cumplir adecuadamente su función ordenadora de lo ambiental.

Se deberá concebir a este Derecho como un sistema pluridimensional de medidas de gestión, planificación, ejecución y vigilancia, confluentes y determinantes en el logro de las metas fijadas.

Comprende todo lo referente al uso, gestión, explotación sostenible y conservación de los elementos y procesos ambientales, incluyendo el entorno creado por el hombre, y ciertos fenómenos naturales -si bien no producidos pero si muchas veces inducidos-, tales como incendios forestales, plagas de animales, epidemias, inundaciones,... en tanto éstos repercuten en el equilibrio ecológico y la calidad de vida.

Así, en un devenir interdisciplinario e integrador de diferentes medidas, se podrá garantizar el equilibrio y la armonía entre hombre y ambiente.

Es por ello, que la protección del ambiente no es competencia aislada de una u otra materia.

Si se considera a la ciencia en general, como un sistema de conocimientos ciertos y muy probables, rigurosamente explicados y fundados, referidos a un determinado sector de objetos y, a la ciencia del Derecho, como "una forma de conocimiento positivo de la realidad social, según normas o reglas objetivadas en el transcurso del proceso histórico" (16), se entiende por **Derecho ambiental**, la disciplina jurídica que investiga, estudia y analiza las diferentes relaciones entre los bienes naturales y la actividad antrópica, orientando la regulación jurídica de las conductas y actitudes humanas respecto al uso, explotación y aprovechamiento de recursos naturales, conservación de la Naturaleza y protección del ambiente.

Es sustancialmente público y privado a la vez, de carácter precautorio-preventivo e interdisciplinario. Se basa en particular en un conjunto integrado de principios jurídico ambientales, en la jurisprudencia y en la doctrina, y en una combinación de técnicas, reglas e instrumentos legales.

Por tanto, puede hablarse de Derecho ambiental, sin que ello implique, necesariamente, la existencia de especialidades de esta ciencia independientes del Derecho civil, del Derecho administrativo, o de otras ramas del Derecho.

El concepto de legislación se utiliza en dos sentidos principales. Por un lado, designando el conjunto de leyes que rigen en un país, estén o no codificadas. Por otro lado, hace referencia al estudio de aquellos sectores del Derecho positivo que no hayan alcanzado todavía un desarrollo tal, que permita fundamentar y dar origen a una especialidad. Pero esto último puede considerarse un error que proviene del uso de la palabra Derecho para designar tanto el sistema normativo, como la ciencia respectiva.

La **Legislación ambiental** puede definirse como el conjunto de disposiciones jurídicas que regulan la conducta humana en relación al ambiente. La naturaleza interdisciplinaria de estas normas no admite regímenes totalmente divididos, y recíprocamente se condicionan e influyen dentro de todas las ramas jurídicas y científicas existentes.

En definitiva, el Derecho ambiental es como aquello que sucedía al Rey Midas en la leyenda griega. Mientras éste convertía en oro todo aquello que tocaba, sucumbiendo en su propia riqueza, el Derecho ambiental, no por castigo sino por destino social, convierte en jurídico ambiental todo aquello con lo cual se vincula.

3.2. CARACTERISTICAS

El Derecho ambiental se particulariza por una serie de características que lo definen y relacionan con otras ciencias. Así, el carácter **preventivo** hace referencia a que, si bien, en última instancia el Derecho ambiental se apoya en un dispositivo sancionador, sus objetivos son fundamentalmente preventivos. La represión lleva implícita una clara vocación de prevención, al pretender precisamente, mediante la amenaza de reprimenda, evitar o disuadir la producción de los supuestos que dan lugar a la sanción.

Lo **sistémico** alude a que la concepción, dinámica, dimensión y normas en general, están al servicio de la regulación de los distintos elementos, fenómenos y procesos naturales, sociales y culturales que componen el ambiente. Por tanto, el Derecho ambiental debe plantearse de conformidad con el complejo y dinámico sistema natural.

Es **interdisciplinario**, porque en él se yuxtapone una amplia gama de disciplinas más o menos relacionadas. Esta interdisciplinariedad se articula dentro de un marco de importación de conceptos, procedimientos, metodologías, aplicándose técnicas de un campo y adaptándolas a otros.

El carácter **sustrato físico indeterminado** se vincula con los diferentes imperativos ambientales, porque éstos hacen que el ámbito espacial (físico) de los problemas ambientales tenga un marco más o menos impreciso, donde tienen lugar los diferentes mecanismos de emisión, inmisión, vertido y transporte.

Tiene el Derecho ambiental **base técnica metajurídica**, porque incluye prescripciones rigurosamente técnicas que pueden determinar, por ejemplo, cantidad de vertidos, altura de chimeneas, características de motores.

La **distribución equitativa de costos** incumbe a uno de los principales aspectos del Derecho ambiental que es, precisamente, el intento de conseguir que sean aquellos que utilizan con fines lucrativos determinados recursos, degradándolos al mismo tiempo, quienes carguen con los gastos derivados de evitar la contaminación, reparar y/o indemnizar los daños ambientales.

El Derecho ambiental es sustancialmente de carácter **colectivo**, aunque al logro de sus objetivos puedan concurrir normas de otra naturaleza, como son aquellas que regulan las distintas relaciones o situaciones de vecindad.

La **combinación temporal** de normas jurídicas, hace referencia a la fusión transitoria del caudal normativo pretérito con el actual, a fin de solventar las necesidades inmediatas de regulación. (17)

Pero, además, el Derecho ambiental presenta otras peculiaridades que lo caracterizan, tales como, ser: integrador y globalizador, transfronterizo, dinámico y diverso.

Se caracteriza por ser **integrador** y **globalizador**, porque integra y se integra no sólo en el conjunto de ramas científicas y jurídicas, sino además, globaliza la regulación de las conductas humanas, haciendo que éstas sean más adecuadas a las características particulares del entorno. Al constituirse en vértice principal de concentración de ciencias, se convierte en globalizador de conocimientos básicos, que se orientan a conformar la solución más precisa para el caso jurídico ambiental planteado.

De este modo, el Derecho ambiental agrupa, integrando y globalizando, el conjunto de conocimientos necesarios para analizar, estudiar y resolver de manera favorable las controversias y los diferentes problemas que tienen relación con el medio. La dinámica jurídica coadyuva sustancialmente en la tarea de integración de las estructuras jurídico ambientales dentro del entramado natural, actualizando la norma anticuada para una mejor regulación jurídico ambiental del conjunto de recursos naturales.

Es, además, **transfronterizo** porque los problemas ambientales, en muchos casos y tal como se expuso, pueden rebasar las fronteras regionales, estatales y continentales. En el sistema natural los diferentes elementos, fenómenos y procesos no admiten límites administrativos. Por ello, es evidente que existen recursos cuya conservación no puede sino alcanzarse mediante una comprometida acción internacional, en la cual cada Estado asuma su parte de responsabilidad en la acción común.

En Montreal (1982) la Asociación de Derecho Internacional analizó expresamente la contaminación transfronteriza y la contaminación de las aguas de ríos internacionales. Las reglas que se aprobaron orientaron sus objetivos, entre otros aspectos, al establecimiento de las obligaciones de los Estados en esta materia, enfocando el problema hacia la prevención y el control de la contaminación transfronteriza, a la limitación de nuevas fuentes de contaminación, a la "obligación de esforzarse por reducir la contaminación transfronteriza existente", y al conjunto de obligaciones de información y comunicación entre los Estados, cuando se presentan situaciones de emergencia que pudieran ser causantes de un repentino aumento del nivel existente de la contaminación transfronteriza.

Merece destacar un importante Convenio firmado en Espoo, Finlandia (1991), para intensificar, entre otros objetivos, la cooperación internacional en el campo de la evaluación del impacto sobre el ambiente, en un contexto transfronterizo. En el texto de este documento, se considera la necesidad de elaborar políticas previsoras, así como prevenir, atenuar y vigilar cualquier tipo de efecto ambiental perjudicial importante, derivado de actividades realizadas fuera del Estado receptor de tales incidencias.

El Derecho ambiental es también **dinámico** porque, al regular conductas susceptibles de afectar sistemas naturales, no puede sino responder a la propia dinámica de la Naturaleza. Y puesto que ésta se comporta de forma sumamente variable, el Derecho ambiental, sus Principios y la legislación ambiental, deben ir consolidando de modo casi permanente la adaptación a la realidad que pretenden regular, manteniendo la eficacia legal. La gran variedad de seres que habitan el planeta, y la diversidad de comportamientos, formas, tamaños y estructuras de los que la Naturaleza hace gala, requieren que las normas jurídicas creadas por el hombre sean propias y actuales a sus exigencias, regulando la dinámica natural a través de la dinámica jurídica intrínseca a la ciencia del Derecho y propia del Derecho ambiental.

Los distintos ecosistemas se integran a otros en un equilibrio dinámico, van cambiando al encontrarse sometidos a diferentes fuerzas que, a su vez, los modelan y caracterizan gradual y cíclicamente. En este sentido, la dinámica del Derecho ambiental se presenta con mayor claridad y como mejor instrumento de adaptación para la regulación jurídica de la conducta humana. Del mismo modo que los diferentes ecosistemas tienen capacidad para reaccionar a las modificaciones que se le imponen, el Derecho ambiental en sentido amplio y la legislación ambiental específicamente, deben reaccionar de forma eficaz a tal dinámica.

Y, finalmente, el Derecho ambiental es **diverso**, porque los complejos sistemas naturales y antrópicos, requieren diversidad y adecuación jurídica a las distintas realidades, y porque su esencia se orienta a regular sistemas naturales complejos, donde se entrelazan sutiles y complicadas relaciones.

Las mismas relaciones de unos seres con otros, junto a las interacciones existentes en una misma comunidad, entre comunidades o ecosistemas, son las que deben reflejarse en las disposiciones legales destinadas a regularlas. Por ello, la interacción y diversidad dentro de un cuerpo legal es la fórmula más adecuada para proteger el sistema natural y el ambiente en general.

En la medida que se conozcan más y mejor las características de los distintos ecosistemas, sus relaciones, funciones y capacidades, su fragilidad, evolución y desarrollo, tanto más adecuada será la norma jurídico ambiental y, consecuentemente, mejores resultados se alcanzarán al momento de interpretarla y aplicarla.

Y así, tal como cada especie ocupa un lugar concreto y determinado dentro del complejo sistema natural, del mismo modo cada norma jurídico ambiental debe incorporarse en un capítulo específico, sin perder la esencia de lo diverso, e impregnarse al mismo tiempo de la dinámica y globalidad jurídica necesarias, estructurándose en interacción con todo el entramado normativo general.

4. POLITICA AMBIENTAL

"*La Edad de Piedra bien podría retornar sobre las resplandecientes alas de la ciencia, y lo que podría hoy regar de incalculables bendiciones a la humanidad, también podría producir su destrucción total.*"
Winston Churchill

4.1. NOCIONES PREVIAS

Los problemas ambientales han ido agravándose considerablemente en los últimos años, lo cual ha exigido mayor dedicación en el logro de una buena calidad de vida.

Las complejas relaciones que envuelven a la sociedad, han repercutido negativamente en muchos aspectos ambientales, requiriéndose cada vez mayores y mejores sistemas de cooperación y coordinación entre los poderes públicos y el sector privado.

La gestión pública de los componentes o factores ambientales tenía, hasta la década de los años setenta, una perspectiva política estrictamente sectorial, sin atender a las causalidades y a los efectos extrasectoriales de cada problema. La utilización de aguas, masas forestales y suelos, se realizaba sobre la base de criterios compartimentados, sin vinculación alguna con directrices de política ambiental.

Sin embargo, progresivamente y a la luz de las aportaciones de la ciencia ambiental, se advirtió la necesidad y conveniencia de formular políticas específicas destinadas a atender problemas relacionados con el ambiente, concebido éste como un conjunto o sistema.

En algunos países se avanzó en el diseño de un primer estamento de políticas de carácter global como reflejo del conjunto ambiental a que se aspira y, consecuentemente, que condicione en este aspecto las políticas sectoriales dirigidas a cada uno de los componentes o factores ambientales en particular.

La afinidad o compatibilidad que, hasta cierto punto ello implica, no significa negar o desconocer entidad propia a las políticas sectoriales, que viene dada por la especificidad de las respectivas problemáticas (suelo, atmósfera, agua, flora, fauna, urbanismo). Pero sí implica un grado de limitación y de enriquecimiento al obligar a incorporar la variable ambiental a la propuesta, análisis y ejecución de la política sectorial. A su vez, la perspectiva y las metas específicas se impregnan de una exigencia de compatibilización entre la gestión particularizada de cada componente o factor ambiental, y los efectos directos e indirectos de las actividades humanas sobre el ambiente, considerado en su globalidad.

De forma paralela, la constatación de la irreversibilidad de muchos procesos de deterioro ambiental, o el alto costo económico y/o social de la recuperación en su caso, exige a la política ambiental superar la fase de protección pasiva del ambiente, que generalmente se limita a establecer controles, prohibiciones, y sanciones, pasando a una etapa activa. Esto último sin dejar de ser precautoria, pero definiendo el marco ambiental en el que los procesos tecnológicos deben integrarse, e incorporando el planeamiento y la variable ambiental en todos los sectores y a todos los niveles.

Se trata de disponer de una política ambiental que, en el marco de una estrategia definida de desarrollo sostenible y de una adecuada planificación ambiental global y sectorial, conserve, mejore, recupere el ambiente y asegure un uso sostenible de los recursos naturales.

En este contexto, surge como prioritaria la afinidad y coincidencia de objetivos de crecimiento económico y desarrollo social (y los métodos para alcanzarlos), con los objetivos fijados en la política ambiental. Una política de desarrollo sostenible y ambientalmente razonable, constituye por sí misma la mejor garantía de desarrollo integral. Al mismo tiempo, deberá ser capaz de aumentar y mejorar el nivel y la calidad de vida, y la disponibilidad de los recursos naturales, para las presentes y futuras generaciones.

La política ambiental exige atender a las potencialidades, características, limitaciones y demás consideraciones ecológicas de las diversas regiones. Esto implica realizar inventarios, evaluaciones y diagnósticos de recursos naturales, y establecer sistemas de gestión pública e información ambiental, en base a datos legales, físicos, económicos y sociales actualizados.

También supone ordenar el territorio y los asentamientos humanos, garantizando mejor calidad y nivel de vida de la población urbana y rural, previsión de espacios sujetos a régimen especial por razones ecológicas, desarrollo equilibrado y armónico de las interacciones urbano rurales, localización de las actividades humanas, adecuada distribución de la infraestructura de obras y servicios, aprovechamiento en beneficio social de los recursos y componentes ambientales susceptibles de ser apropiados.

El Estado actúa como gestor-administrador en relación al conjunto de los bienes ambientales, debiendo velar por su conservación y su utilización racional y sostenible. Por ello, la mayoría de los países van progresivamente optando por la adopción de una política de protección integral de los recursos naturales, orientada a evitar, prevenir, controlar o, en su caso, corregir daños ambientales.

Si por política, en sentido amplio, se entiende el conjunto de objetivos que se pretenden alcanzar a nivel de Administración pública en un proceso de desarrollo dado, o en un sector económico o social (por ejemplo, política de empleo, de vivienda, agraria, de conservación del patrimonio histórico, de protección de la Naturaleza...), por **política ambiental** se puede entender el conjunto de metas diseñadas y asumidas por el Estado, en el marco de un espacio físico determinado y de una estructura administrativa, para asegurar la conservación, mejora, recuperación y uso sostenible del conjunto de recursos naturales, protegiendo la salud y el bienestar humano, y fomentando la calidad de vida.

La política, en todo caso, es el marco de referencia para el posterior desarrollo secuencial de planes, programas y proyectos (PPPP), según la estrategia adoptada y los medios instrumentales.

En materia ambiental, los órganos administrativos competentes tienen la obligación de asegurar a los ciudadanos un entorno cuya calidad permita vivir con dignidad y bienestar. Pero a la vez, es imprescindible formar y fomentar la conciencia pública respecto al valor integral de los recursos naturales y de la gravedad de las agresiones antrópicas al sistema natural, favoreciendo un alto grado de participación pública en la gestión ambiental.

Para ello es el Estado, a través de los órganos encargados de administrar la materia ambiental, el que tiene la obligación de informar a la población en general y, en particular, a los potencialmente afectados por alguna actuación.

La información requiere ser clara, precisa y alejada de cualquier intento de parcialidad o confusión, que impida al destinatario de la misma ejercer sus derechos de participación activa.

Se debe informar, sin manipular los datos ni complicar las explicaciones técnicas, haciendo de la participación ciudadana una verdadera coparticipación en la administración del conjunto de recursos naturales.

Existen sectores de la población sumamente interesados en conocer el alcance de las actuaciones que se realizan en su entorno inmediato, pero encuentran truncados sus derechos de opinión al no contar con información suficiente que les permita participar de forma activa. Esta actitud aparentemente ociosa o pasiva, se debe a la falta de información o inadecuada información pública en materia de ambiente. Por tanto, deviene el desánimo del ciudadano que, inicialmente había asumido con responsabilidad el derecho-deber de participar en la gestión ambiental al haber comprendido la gravedad y consecuencias de la problemática planteada.

La participación informada de la población no se limita a manifestaciones públicas esporádicas de protesta sobre temas aislados, por el contrario, se convierte en activa y permanente custodia, seguidora de la gestión ambiental. Una población adecuadamente informada no queda en la mera solicitud de datos ni en la denuncia, sino que responsabiliza a la Administración y aporta soluciones.

La administración pública del ambiente presenta tres vertientes de interés: una va dirigida a la preservación y mantenimiento de los recursos naturales, otra se orienta en beneficio de la calidad de vida de los administrados, asegurando las condiciones adecuadas para una vida sana, y la tercera se dirige en favor del aprovechamiento sostenido de los recursos.

Premisa elemental en política ambiental, es dar respuesta adecuada en el momento oportuno a la situación o al problema ambiental planteado, a través de una aplicación justa y armónica de las normas jurídico ambientales. Pero, ello depende, fundamentalmente, de la voluntad de aplicar las leyes ambientales, controlar y sancionar a los infractores, y crear conciencia ambiental desde el propio órgano decisor (incluyendo a éste) hasta los ciudadanos en general y, muy particularmente, educadores, industriales y empresarios.

En este sentido, es imprescindible que la consideración de los valores ambientales esté presente y activa en todo centro de generación y adopción de decisiones esenciales, que puedan afectar el desarrollo sostenible y el ambiente en general.

La política ambiental se traduce en una serie de actos jurídicos y administrativos relacionados con el control en el aprovechamiento racional de la Naturaleza. Pero también se plasma en la regulación o prohibición de determinadas actividades que son susceptibles de perjudicar o degradar el medio y, en general, en la adopción de un conjunto de normas jurídico ambientales cuya efectiva aplicación tiene intrínseca la finalidad de defender, conservar, proteger, mejorar y restaurar el ambiente. Consecuentemente, surgen servicios, órganos y organismos institucionales, agencias, corporaciones y asociaciones particulares, cuya finalidad es la protección del entorno y la mejora en las relaciones hombre-ambiente.

La política ambiental debe quedar reflejada en un conjunto de disposiciones jurídicas específicas, y en una serie de medidas administrativas, financieras y técnicas cuyo objetivo sea la ejecución de los principios políticos en la materia. Debe contar con un aparato administrativo con rango ministerial, especialmente creado para orientar y dirigir la política y administración del ambiente.

Uno de los principales problemas planteados en política ambiental, que requiere urgente solución global, es el relacionado con la ordenación de los recursos y la utilización prudente de éstos. Por tanto, es preciso establecer y aplicar una política ambiental adecuada, sea por las entidades locales o regionales y por la propia Administración central, estatal o supranacional, así como también es necesario integrar e incorporar un sistema de control efectivo mediante instituciones, organizaciones y leyes sobre recursos naturales, orientadas a su utilización racional y sostenible.

Gorbachov opina al respecto que, "...las prioridades internacionales principales que nos permitirán desarrollar una política exterior razonable y moderna, y que corresponderían, al mismo tiempo, a nuestros intereses comunes, son las siguientes: continuar saneando las relaciones internacionales; aunar los esfuerzos para prevenir las amenazas que se ciernen sobre nuestro ambiente; cooperar en el abastecimiento de energía y de productos alimenticios; obrar conjuntamente en el proceso de desarme; favorecer las reformas democráticas y velar por el respeto de los derechos humanos." (18)

El dinamismo que caracteriza los diferentes procesos de expansión de los sistemas económicos, urbanización, explosión demográfica, despilfarro masivo de recursos y consumo desmedido, obliga a adoptar una serie de medidas, y a implementar medios adecuados para evitar o disminuir los efectos ambientales negativos sobre el entorno.

La política ambiental se constituye en herramienta indispensable para encauzar y ordenar los distintos aspectos y problemas del complejo entramado social. Ambiente y política, lejos de ser realidades antagónicas e incompatibles, se complementan y pertenecen a un mismo devenir.

El estilo de vida al cual se ha llegado, con fuertes procesos económicos acompañados de marginalidad social, y cada vez más marcada desigualdad en los niveles de vida, la subutilización de algunos recursos en desmedro de otros y la explotación irracional de ciertos recursos hasta agotar su existencia, el estado de vulnerabilidad de algunas regiones sensibles y castigadas por toda clase de males y, en fin, una alteración global en todos los órdenes, imponen la implementación de estrategias adecuadas en política ambiental.

Las políticas se van creando a medida que lo requiere la realidad y, muy especialmente, la política ambiental tiene la obligación de ir adaptándose a la dinámica de los procesos naturales, para lo cual debe que ser formulada y ejecutada conociendo globalmente la realidad a la que van dirigidos los distintos objetivos. Es preceptivo que se base en trabajos interdisciplinarios cuyos resultados cumplan con las etapas de estudio e investigación, diagnóstico, análisis, selección y priorización de las diferentes alternativas, y decisión final.

Resulta indispensable compatibilizar las metas y objetivos de desarrollo propuestos y los métodos aplicables, con los objetivos propios de la política ambiental. Es decir, en caso alguno pueden ser opuestos o contradictorios, ni los objetivos ni los métodos para lograrlos.

Es indudable que una política ambiental que pretenda un desarrollo sostenible, debe partir de la concepción básica de la utilización sensata de los recursos, teniendo que contar con una red dinámica de información y un régimen de coordinación entre los diferentes organismos que gestionan la materia ambiental.

Las cuestiones ambientales irrumpen abiertamente en la política y administración pública, pero este proceso es progresivo. Primeramente, surgen en el seno del sector vinculado con la higiene y la salud pública, momento en el cual los efectos de la contaminación se vinculan casi exclusivamente con la salud humana. Se atiende a la corrección de problemas sanitarios relacionados, particularmente, con técnicas de depuración y saneamiento ambiental general.

Cabe señalar que este tipo de medidas ya se reglamentaba en la antigüedad; así por ejemplo, en las Leyes de los Reinos de las Indias (1523) se regulaba que, para preservar la salubridad y bienestar de las nuevas ciudades, éstas se fundasen en espacios con determinadas características. El Libro IV, Título 7° de la Ley III disponía, "Que el terreno y cercanía sea abundante y sano. Que no tengan cerca lagunas ni pantanos, en que se crían animales venenosos, ni haya corrupción de aires ni aguas."

La Ley V del mismo Libro y Título establecía, "Que los solares para carnicerías, pescaderías, tenerías y otras oficinas que causan inmundicias y mal olor, se procuren poner hacia el río o mar, para que con mayor limpieza y sanidad se conserven las ciudades."

Posteriormente, y enlazando con lo anterior, se originan conflictos de caos urbano, principalmente derivados de la falta de planificación del crecimiento urbanístico en grandes asentamientos, y de las relaciones entre ciudades y su área de influencia inmediata.

La política de planificación territorial se extiende gradualmente al medio natural, integrando las influencias entre éste y el cultural.

En una siguiente etapa de incorporación de la dimensión ambiental al campo de la política, se asume la problemática bajo una óptica estrictamente conservacionista del patrimonio natural, sin descartar los aspectos de salud, higiene y planificación, siendo en todo caso la actitud primaria desarrollista y productivista. Por ello, debe pasar tiempo hasta que se conforme la auténtica política ambiental preventiva y proteccionista, que considere integralmente al medio, y no sólo vea en éste un mero soporte físico de las actividades humanas.

La política ambiental debe ocuparse de los problemas que se originan a partir de situaciones de pobreza o insuficiencia de desarrollo, y de aquellos otros, consecuencia directa o indirecta del propio desarrollo económico y social. Su misión es global y debe abarcar integralmente todos los problemas de cada sector en particular, y del ambiente en general.

El espectro que debe cubrir va más allá de las simples medidas de urgencia de lucha contra la contaminación. Las graves consecuencias de la falta de abastecimiento de agua, viviendas insalubres, insuficiencia nutricional, miseria urbana y rural, entre otros, son problemas muy delicados que la política ambiental puede y debe abordar, acercando la solución adecuada.

El sistema natural requiere un enfoque organizado, responsable e interdisciplinario que, sobre la base de acciones prudentes, permita adoptar e implementar directrices ambientales coordinadas y globales. La delimitación de prioridades ambientales es decisiva, a fin de optar por la alternativa más adecuada a las exigencias del medio.

No obstante, rara vez se realiza una escala selectiva de primacías ambientales por grado de importancia y, en ocasiones, la falta de sensatez atropella sin distinción el equilibrio de ecosistemas únicos e irrepetibles.

Es menester partir de premisas razonadas, y promover planes globales de aprovechamiento sostenible y ordenado de cada uno de los recursos. Una política ambiental adecuada debe adoptar toda clase de medidas, pero muy especialmente precautorias y preventivas o, en su caso, represivas, y debe promover la protección, conservación y, si fuere necesario, la recuperación y restauración de espacios afectados por las actividades humanas, independientemente de los intereses sectoriales.

Cada gobierno debe encontrar sus propias soluciones para los problemas ambientales, en función de las particularidades regionales, integrando la política ambiental en la política general de desarrollo social, y en la ordenación del territorio y de los recursos naturales.

En este sentido, se insiste en la necesidad de estrechar vínculos con los diferentes sectores sociales, motivando su participación activa en la problemática ambiental, asignando competencias a un órgano de coordinación que asuma responsabilidad directa en relación a la importancia y naturaleza de los datos, así como respecto a la permanente y adecuada frecuencia de la información pública en materia de ambiente.

4.2. FUNDAMENTOS

4.2.1. Coordinación y control

La coordinación dentro de la Administración pública a nivel vertical (en rango jerárquico), como horizontal, es imprescindible cuando se trata de recursos naturales y ambiente. El establecimiento de directrices de coordinación y control para el seguimiento de las diferentes actuaciones sobre el medio, se constituye en un instrumento de validez único e irreemplazable.

El seguimiento y control coordinado ha de realizarse en todas las fases o etapas del desarrollo de políticas, planes, programas y proyectos, y sobre todas las actividades o sustancias que puedan incidir negativamente en el entorno, o bien supongan un alto riesgo de efectos negativos. El control es ineludible en el seguimiento del cumplimiento de la legislación que se ha dictado para la protección de los bienes ambientales, así como sobre las actividades que se estén realizando, comprobando el acatamiento de las condiciones ambientales exigidas.

Una estructura administrativa superior específica, que controle las actividades dispersas de otros organismos con competencias ambientales, ejercerá funciones de supervisión para verificar el cumplimiento de las actuaciones, de coordinación interinstitucional entre organismos con competencias ambientales, y de arbitraje en aquellas circunstancias coyunturales que requieran acabar con ciertos conflictos.

4.2.2. Cooperación institucional

Si la coordinación es un elemento indispensable en política ambiental, ésta no obtendrá resultados favorables en tanto no se realice en base a una estrecha y permanente cooperación intersectorial e interinstitucional. En este campo es primordial el rol de los decisores quienes, en ocasiones, son el más serio obstáculo para que la política ambiental prospere y alcance los objetivos propuestos.

Como primer paso es necesario poner de relieve la recíproca influencia entre coordinación y cooperación, siendo indispensable la fluidez de relaciones entre ambos aspectos, y constituyendo extremos básicos y elementales para la consecución de una buena política ambiental.

Por el contrario, la falta de solidaridad y coordinación adecuada producirán, a no dudarlo, un caos administrativo, en el cual el valor directamente perjudicado es el ambiente, y por extensión causal todos los seres vivos.

La adecuada cooperación trae consigo la apreciación de los recursos en general, conectando con los diferentes sectores de ordenación y demás áreas de la economía y el desarrollo.

Por tanto, resulta imprescindible la estrecha relación de cooperación entre las diferentes instituciones, sea que éstas gestionen directa o indirectamente la materia ambiental.

4.2.3. Bases científicas interdisciplinarias

Una buena política ambiental adoptará decisiones serias sobre la base de criterios científicos interdisciplinarios. Para ello, contará necesariamente con equipos de expertos en las diferentes áreas de actuación, así como también con un comité técnico asesor permanente, encargado de aproximar las soluciones al problema ambiental identificado.

De esta manera, la conformidad administrativa para la realización o no de una determinada actividad, podrá estar debidamente fundada y, al mismo tiempo, se podrá conocer con mayor rigor la mejor alternativa propuesta desde el punto de vista ambiental.

Requisito previo para el aprovechamiento sostenible del conjunto de recursos, es el cumplimiento de los principios científicos, tanto en los métodos como en los planteamientos. La confluencia científica interdisciplinaria, debe lograr una rápida compilación de datos necesarios para la resolución eficaz de la cuestión planteada.

Centros científicos de investigación deben establecer criterios básicos para la documentación, investigación e intercambio permanente de información sobre legislación ambiental y sistemas de planificación y ordenación de recursos.

En especial debe prestarse máxima atención a la difusión de información relevante, trabajos de equipos interdisciplinarios de expertos, cooperación con centros internacionales y adopción conjunta de medidas legales y técnicas de carácter global.

4.2.4. Prevención integral

La política ambiental debe ser esencialmente precautoria y preventiva, a fin de tener eficacia suficiente para influir de forma determinante en ciertas actividades económicas, imponiéndoles a éstas un conjunto de obligaciones de carácter ambiental en la realización de sus actividades.

Por medio de una adecuada política ambiental se puede asegurar la regeneración y continuidad de los recursos naturales y ecosistemas, especialmente cuando se trata de aquellos casos relacionados con especies en peligro de extinción y con sistemas ecológicos en situación de emergencia o grave degradación.

La puesta en marcha de una estrategia global preventiva en política ambiental, es un punto de referencia óptimo para iniciar y continuar acciones cuidadosas de planificación y ordenación de recursos. En este sentido, antes de optar por cualquier acción que de alguna manera pueda repercutir negativamente en el medio, es imprescindible analizar detalladamente el conjunto de medidas precautorias y preventivas que contribuyan a la mayor y mejor utilización sostenible de los recursos naturales.

4.2.5. Información y participación

Uno de los aspectos fundamentales, y tantas veces recomendados, es el de la adecuada información ambiental. Por ello, una buena política ambiental se esforzará en contribuir a la protección y mejora del ambiente mediante la práctica de acciones educativas, a través de información continuada en todos los sectores y niveles de la población.

La correcta información en materia ambiental crea conciencia a través del conocimiento. Esta información deberá permitir alcanzar un grado mínimamente aceptable de sensibilización y formación, y de conciencia pública, en relación al valor de los recursos naturales. Una vez asumida la auténtica realidad de la situación, será fácil contar con una participación pública activa y plenamente responsable de sus decisiones. Sin embargo, esta formación de la conciencia pública dependerá, casi totalmente, de la vocación que exista de informar por parte de los órganos competentes.

A la hora de formular la política ambiental, es necesario contar con un caudal amplísimo de información, puesto que el conocimiento del estado general y particular de los recursos naturales resulta básico para elaborar las primeras directrices.

Por ejemplo, la Carta europea del litoral (1978), destaca importantes recomendaciones en cuanto a la necesidad de proporcionar información amplia y adecuada, "7.b) En la fase de preparación de los planes y esquemas, como en la fase de realización de los proyectos y de la gestión corriente, la información debe ser objeto de un esfuerzo sistemático y permanente. c) A todos los niveles de responsabilidad, la información debe circular constantemente, especialmente entre los investigadores y la Administración, entre la Administración y los políticos y las asociaciones de usuarios, etc. d) A nivel ciudadano, la información debe ser desarrollada considerablemente, no solamente en una perspectiva de prevención y de defensa, sino también y, sobre todo, en una perspectiva de asociación verdadera de la población..."

Asimismo, será preciso conocer los distintos problemas ambientales por regiones, analizando en cada caso la situación de vulnerabilidad de los recursos así como sus potencialidades, limitaciones y riesgos posibles a que se encuentran expuestos. Con la información recopilada y analizada, incluida las normas jurídicas pertinentes, la perspectiva se aproxima más a la realidad y permite diseñar una política ambiental más fiable.

Realizado el diagnóstico de una zona o región, identificados sus recursos y problemática ambiental general, evaluadas las alternativas posibles para la solución de los problemas detectados, a fin de hacer un uso sostenible de los recursos investigados, se definen una serie de objetivos generales y específicos.

La correcta determinación de tales objetivos pasa a ser pieza clave en todo proceso de política ambiental, puesto que si no tienen éstos claridad y precisión, es muy posible que las futuras acciones se resientan en un cúmulo de contradicciones y de dudas.

Estos objetivos son propósitos imprescindibles para que la política ambiental se traduzca en adecuada gestión ambiental, con resultados en una vida social digna, solidaria, respetuosa y participativa.

El Principio 10 de la Conferencia de Río de Janeiro (1992) señala que, "El mejor modo de tratar las cuestiones ambientales es con la participación de todos los ciudadanos interesados en el nivel que corresponda. En el plano nacional, toda persona deberá tener acceso adecuado a la información sobre ambiente que dispongan las autoridades públicas, incluida la información sobre las materias y actividades que ofrezcan peligro a las comunidades, así como la oportunidad de participar en los procesos de toma de decisiones. Los Estados deberán facilitar y fomentar la sensibilización y la participación del público, poniendo la información a disposición de todos..."

En tal sentido, ya la Directiva comunitaria 90/313/CEE sobre libertad de acceso a la información en materia ambiental, dos años antes de la Conferencia de Río, introducía la regulación de este derecho a nivel de todos los países miembros.

De forma notablemente tardía, el ordenamiento jurídico español incorporó esta Directiva mediante Ley 38/1995 de 12 de diciembre.

4.3. INSTRUMENTOS

Existen tres instrumentos básicos necesarios en política ambiental, que sirven de herramientas complementarias a las acciones emprendidas.

4.3.1. Estrategia

Las estrategias constituyen determinados cursos que se les imprime a las acciones escogidas, de conformidad a las particulares circunstancias que caracterizan a una situación dada, considerando siempre los aspectos de lugar, tiempo, modos y singularidades de la sociedad.

Las estrategias están, por lo general, vinculadas con la adopción de decisiones de envergadura que surgen del macro conocimiento de la realidad a la cual se destinan.

Hay tipos de estrategias ambientales que se diseñan específicamente para alcanzar ciertos objetivos pero, en ocasiones, sucede que primeramente se estructuran los objetivos para, posteriormente, definir las estrategias a seguir.

Claro ejemplo es la Estrategia Mundial para la Conservación (1990) "Cuidar la Tierra, Estrategia para el futuro de la vida", elaborada por la Unión Mundial para la Naturaleza (UICN), con la contribución de diversos organismos internacionales.

4.3.2. Planificación

La planificación en política ambiental es uno de los instrumentos de carácter político, administrativo y técnico, más fiable y eficaz. Mediante ésta es posible prever la realización de un conjunto de acciones perfectamente coordinadas en cooperación y colaboración con los diferentes sectores implicados en la gestión del medio.

Desde la preparación de actuaciones generales, a la diagramación de directrices específicas para una actividad concreta, la política ambiental encuentra en la planificación uno de los puntos de apoyo primordiales que, junto con los sistemas metodológicos apropiados, brindan a aquella la solidez precisa. Los planes van, por lo general, incluidos en los procesos de planificación, siendo los programas y proyectos las bases para la acción coordinada de la política ambiental.

La demanda creciente sobre los recursos disponibles es uno de los factores más importantes a tener en cuenta para una adecuada planificación. Para poder marcar el rumbo de una mejor planificación y evitar daños al medio, es necesaria la evaluación de las tendencias futuras en materia de aprovechamiento de los recursos, la adecuación de las tecnologías y la previsión de las futuras demandas.

Pero, especialmente importante es la adecuada utilización del territorio, base física sobre la que se deben desarrollar todas las actividades en armonía con los procesos naturales.

La planificación del territorio se apoya en el ordenamiento ambiental, es decir, en la organización planificada de la ocupación de los diferentes espacios, considerando siempre los efectos que puedan tener las actividades humanas sobre el medio geográfico natural y el hábitat social.

Por ello, la ordenación del territorio sólo es posible a través de una seria y estricta planificación de las actividades humanas.

Ya en 1977, Meier señalaba que, "Las actividades económicas en función del territorio significarían no establecer objetos a priori de lo que se piensa producir, tanto en la industria como en la agricultura, y luego establecer estrategias para la explotación de los recursos naturales, sino, por el contrario, establecer los objetivos del desarrollo económico en función de la estructura misma de los recursos naturales: su cantidad, calidad, formas de extinción; las relaciones entre sus usos económicos y su calidad, etc. En este contexto prospectivo es como la planificación del ambiente, al igual que la planificación integral de la sociedad, en su exacta relación con el medio natural, pueden influir sobre la planificación nacional del desarrollo económico, señalándole los mejores usos al espacio en función del medio natural, así como los peligros y riesgos de un crecimiento socioeconómico que no esté en función de las condiciones naturales del ambiente." (19)

La capacidad de planificar en política ambiental va más allá del mero plan, pues convierte a este instrumento en un conjunto de iniciativas que tienen la difícil labor de mantener estables los procesos naturales y la calidad de vida en el planeta.

Sólo cuando se asuma con auténtica responsabilidad la verdadera magnitud de la dimensión ambiental, podrá abarcarse en la planificación del medio tanto métodos, técnicas y saberes interdisciplinarios, y conciliar las exigencias de las demás políticas en un prisma único y principal, la planificación al servicio de los bienes ambientales.

La planificación integrada en todas las políticas sectoriales, no sólo en la ambiental, constituye un elemento fundamental en la determinación responsable de áreas y zonas que, según el grado de distribución de actividades, deban reordenarse y gestionarse adecuadamente.

El uso prudente de los recursos naturales, forma parte de la estructura sistémica necesaria para lograr el pretendido desarrollo sostenible.

Programar en planificación ambiental, esto es determinar en el tiempo el conjunto de medios y metas que se necesitan para alcanzar los objetivos propuestos, no es más que optar por la adopción de criterios básicamente precautorios y preventivos imprescindibles para una mejor utilización del medio. En este sentido, la explotación de los recursos naturales debe basarse en un aprovechamiento racional y sostenible, y en la hipótesis de un desarrollo económico con justicia distributiva.

Pero es evidente que la gravedad de la situación ambiental global se reduce, en definitiva, a la incertidumbre de poder disponer de recursos en calidad y cantidad, siempre, en todos los lugares y en todos los momentos. La capacidad técnica actual de la que el mundo desarrollado dispone, no garantiza el acceso ilimitado a los recursos naturales, dado que los procesos naturales necesarios para el mantenimiento de la vida en el planeta, quedan fuera de su control.

La sociedad tiene el deber de satisfacer sus necesidades utilizando los recursos sin agotarlos, ni degradarlos o empobrecerlos de tal forma que se impida o dificulte su disfrute y aprovechamiento.

El mayor peligro radica, desde el punto de vista ecológico, en la permanente simplificación de los sistemas de vida y de los ecosistemas, los cuales se van volviendo uniformes y, por tanto, progresivamente vulnerables, eliminándose la esencia de la vida en la más pura y estable diversidad.

Mediante la planificación, la ordenación, el desarrollo sostenible y la utilización prudente de los recursos, la humanidad puede satisfacer sus necesidades, proteger el medio humano y garantizar el futuro de un ambiente saludable.

En la Conferencia europea sobre la conservación de los recursos naturales (1970) se expresó claramente que, "La planificación de la utilización del medio ambiente es una operación racional, cuya finalidad consiste en determinar el aprovechamiento más adecuado del espacio a fin de satisfacer las necesidades a largo y a corto plazo de la sociedad y del individuo."

Es necesaria una planificación global integral de carácter general, asumida tanto por el mundo desarrollado como por las regiones más desfavorecidas o deprimidas, y una planificación de los recursos naturales en particular, a fin de alcanzar el pretendido desarrollo sostenible, y compatibilizar crecimiento con conservación.

4.3.3. Legislación

El componente legal no puede estar ausente en política ambiental. Es necesario establecer normas que regulen las conductas agresivas desde el punto de vista ambiental y que, a la vez, sirvan de vía de control de responsables, públicos y privados, en el ejercicio de sus respectivas actividades.

Las normas que se promulguen deben tener efectiva aplicación y obligado cumplimiento, y el grado de la sanción debe estar en relación directa con el perjuicio ambiental causado. Igualmente, es forzoso el establecimiento y fortalecimiento de la estructura institucional, incluidos todos los aspectos jurídicos que a éstas atañen.

Por lo general, las normas que regulan cuestiones ambientales han sido el resultado de ciertas situaciones de emergencia, razón por la cual en muchos países la legislación ambiental se encuentra dispersa, fragmentada, invadida por lagunas, duplicaciones, superposiciones y, lamentablemente, inaplicada. Este caos jurídico ambiental es absolutamente inaceptable. Por tanto, si se pretende regular y proteger el ambiente, habrá que partir de un esclarecimiento total de la estructura legal.

Evidentemente, por sí sola la legislación no constituye una panacea que puede resolver el conjunto de problemas ambientales. Su eficacia dependerá de una serie de factores entre los cuales se encuentra la precisa redacción de las normas, la interpretación adecuada y, naturalmente, la aplicación correcta al caso concreto.

A la par, habrá que considerar la influencia que en ella ejerce el sistema jurídico, la estructura administrativa y las características sociológicas, religiosas, filosóficas y culturales de la población.

En materia de legislación, y en un contexto de concepción global de la vertiente ambiental, la enseñanza de lo jurídico y la formación en el campo de las leyes ambientales y administración de los recursos, es una necesidad incuestionable.

Un nuevo enfoque normativo que se oriente a resolver los problemas ambientales más urgentes, deberá tener en cuenta las características especiales y las dificultades básicas que plantean los recursos.

A la vez, tendrá que considerar una serie de factores tales como, por ejemplo, el alto y directo grado de dependencia con el medio natural, el carácter de las medidas y soluciones en materia de planificación y ordenación del territorio, la imposibilidad de sustituir determinados recursos naturales como materias primas (agua), la utilización y aprovechamiento irregular de los diferentes recursos.

También son muy importantes, la influencia de las condiciones particulares del medio y la presión de los diversos fenómenos naturales, la falta de datos cualitativos y cuantitativos relacionados con la utilización de los recursos, y la irreversibilidad de algunos efectos derivados de la actividad humana.

5. GESTION AMBIENTAL

"Necesitamos a la Naturaleza más de lo que la Naturaleza nos necesita a nosotros. Hay que reconocerlo con respeto y humildad. Por desgracia, el orgullo del Homo sapiens no tiene límites. Su historia de dominio de la Naturaleza ha sido lamentable."
Príncipe Sadruddin Aga Khan

5.1. UNIDAD DE GESTION

Gestionar significa realizar un conjunto de diligencias necesarias para llevar a cabo un cometido, es decir, todas aquellas acciones principales y secundarias que permitan alcanzar el objetivo perseguido.

La gestión ambiental debe integrar, sin graves conflictos, la conservación, protección y mejora del ambiente con el desarrollo sostenible. Para ello se requiere organización, coordinación, capacitación, información, participación y estructura legal adecuada.

Al considerar al ambiente como un todo sistémico y armónico, en el cual los procesos se eslabonan e integran cíclicamente de modo indefinido, no puede menos que atenderse a una visión global y comprensiva en la gestión de los elementos que lo componen.

Cualquier enfoque sectorial en la gestión del ambiente, tiende a acentuar la dispersión de esfuerzos, multiplica inútilmente acciones paralelas y conduce a pérdidas de tiempo, en un sistema en el que los procesos naturales siguen su curso sin esperar que el órgano decisor opte por ésta u otra alternativa.

Un modelo sectorial para la gestión del ambiente, sea por sectores, subsectores, actividades o materias, conlleva multiplicación de decisiones, muchas veces contradictorias, que impiden dar verdadera coherencia a la gestión administrativa del medio. A su vez, trae aparejado desconfianza general, dudosa validez de la solución adoptada y, fundamentalmente, dilución de responsabilidades.

El éxito de una buena política ambiental y, por tanto, la conservación y uso sostenible de los recursos naturales, se articula dentro de la unidad de gestión.

Una estrategia ambiental que incorpore la unidad de gestión dará solución desde el origen, tanto a las situaciones de riesgo ambiental como a las de daño producido, priorizando las acciones en función de la mayor o menor estabilidad de los ecosistemas.

Además, una adecuada gestión tiene que orientarse a desarrollar la capacidad de reacción inmediata y eficaz frente a una situación ambiental concreta. Técnicos y decisores deben contar con tal aptitud, lo que implica tener una visión comprensiva y holística de la real situación del medio, de las causas que motivaron el problema y de las posibles alternativas.

En materia ambiental es preciso pensar en términos globales y actuar a nivel local. La gestión ambiental participa activamente en este libre juego de pensar y actuar global y localmente, puesto que dentro de la problemática ambiental se analizan cuestiones de muy diversa índole desde una concepción holística e integral, que deben resolverse básicamente en el origen.

La gestión del medio debe ir adaptándose gradualmente a los diferentes cambios que se producen debido, precisamente, a la dinámica propia de los seres vivos y de los ecosistemas en los cuales éstos se encuentran.

Las acciones que se desarrollen en gestión ambiental tienen que ser flexibles y adaptables, manteniendo el grado de equilibrio institucional que requiere la estabilidad del sistema natural. La coordinación y cooperación intersectorial es necesaria, a fin de evitar duplicación de esfuerzos y dispersión de responsabilidades. Es vital integrar o, al menos, armonizar, el conjunto de intereses contrapuestos que intervienen tanto en política ambiental como, especialmente, en gestión ambiental.

Las actividades llevadas a cabo por un sector de la Administración, sea éste el agrícola, forestal, minero, industrial, de educación, de transporte..., influyen decisivamente sobre los demás, pero, la conservación del medio debe ser factor condicionante de primer orden para el conjunto de acciones que realicen los distintos sectores.

Es precisamente en este punto, donde la gestión ambiental representa piedra angular para la protección del ambiente.

Son dos los principales errores que parten de la ineficacia en la organización administrativa ambiental: la ausencia de coordinación básica vertical y horizontal entre organismos administrativos vinculados con la materia ambiental y, quizás lo más conflictivo, la frecuencia con que a un mismo organismo se le encarga la explotación de un determinado recurso y, paralelamente, la conservación del mismo.

La gestión eficiente de los recursos naturales es requisito también en el orden internacional, donde los problemas de coordinación devienen aún más delicados y difíciles de resolver.

Las decisiones que de algún modo afecten al medio, deben ser integradas e intersectoriales, respetar la realidad natural y enfocar las soluciones de forma esencialmente preventiva. Para ello, es necesario que los organismos competentes en materia ambiental tengan perfectamente delimitadas sus atribuciones, y cuenten con un sistema de coordinación para la elaboración y aplicación de las diferentes políticas.

En gestión ambiental el nivel de eficacia de una acción y la obtención de resultados favorables para conservación de los sistemas naturales, está en relación con el grado de dispersión de esfuerzos y de coordinación inter-departamental. Y del mismo modo, a mayor y más completa información, tanto más capacitados estarán los técnicos encargados de la materia ambiental, y las autoridades político-administrativas podrán adoptar resoluciones más fundadas.

5.2. GESTION INTEGRAL

Hacer referencia a la gestión integral del medio, no es más que reflejar en ésta la realidad que se pretende administrar, dentro de un proceso único de acción y reacción, donde tanto ecosistemas como administración se relacionan y complementan sistémicamente, alcanzando el desarrollo sostenible y la calidad de vida deseables. En suma, una gestión comprensiva del conjunto de problemas actuales, y previsora sobre los posibles conflictos futuros.

Debe ser integral porque se impone la conjunción de todos los aspectos que caracterizan la dimensión ambiental, fundamentalmente la incorporación de las acciones precautorias y preventivas que sustentan una gestión ambiental completa. Siempre será preferible una adecuada combinación de medidas ambientales, que permitan encauzar las conductas y al mismo tiempo faciliten la gestión integral de los recursos naturales.

Es interesante al respecto la opinión de M. Gorbachov, "La perspectiva de cambios climáticos catastróficos, de sequías cada vez más frecuentes, de inundaciones, de hambrunas, de epidemias, de conflictos nacionales o interétnicos y de otras calamidades obliga a los gobiernos a actuar en el plano de una política mundial y a buscar soluciones conjuntamente. [...] Se manifiesta así la necesidad de una nueva comprensión de los problemas de la seguridad internacional, de los intereses nacionales, de las dificultades que hay que resolver para que la supervivencia de la humanidad quede garantizada. Debemos tener presente la posibilidad de situaciones muy diversas, incluso más desfavorables, y estudiarlas con anticipación para poder actuar como es debido." (20)

5.3. TECNICAS DE GESTION

5.3.1. Ordenación del territorio

La gran importancia y complejidad de esta técnica precautoria de gestión ambiental integral, se orienta al diseño y asignación racional del aprovechamiento de los recursos naturales, desde un enfoque interdisciplinario científico y técnico. Se precisa esa confluencia interdisciplinaria porque la ordenación del territorio es, al mismo tiempo, una disciplina científica, y una técnica de gestión administrativa y política, de naturaleza esencialmente preventiva, que tiende al desarrollo equilibrado de las regiones a través de la organización física del espacio y de la distribución racional de las actividades en éste.

La ordenación del territorio traduce una clara voluntad de integración y coordinación de naturaleza interdisciplinaria, organizando esa coordinación entre los niveles de decisión.

Presenta una serie de particularidades tales como ser democrática, global, funcional y prospectiva. Democrática, porque debe garantizar la participación de la población en todos los niveles y en cada etapa del proceso de ordenación; global, porque debe garantizar la integración y coordinación de las distintas políticas sectoriales considerando todos los factores que influyen en la organización global del espacio; funcional, porque debe estimar las culturas e intereses comunes teniendo en cuenta las realidades constitucionales de los países; y es prospectiva, porque debe apreciar con alto grado de precisión las tendencias y desarrollos a largo plazo en todas las áreas (social, cultural, económica, ecológica y ambiental), con la intención de favorecer y facilitar la adopción de decisiones relacionadas con la organización del espacio.

Además, constituye una herramienta preventiva por excelencia inseparable de la gestión ambiental. Por ello, esta técnica resuelve a través de la jerarquización de sus objetivos, las potenciales disfunciones que incluso las actividades positivas son susceptibles de producir.

El origen de la ordenación del territorio responde al propósito de integrar la planificación socioeconómica con la física. Desde el punto de vista del concepto, se entiende por ordenación del territorio la perspectiva en el espacio de las diferentes políticas que atañen a una determinada sociedad. Por eso, generalmente y a excepción de modelos impuestos, cada estilo de desarrollo es factor determinante de las pautas y comportamientos sociales que se reflejan, necesariamente, en el territorio. Son, en definitiva, las costumbres, usos, y actitudes sociales las que generan esos diferentes modelos y formas de ordenación del territorio.

Es decir, es la estrategia social adoptada la que incide directa o indirectamente, a través de la adopción de ciertos comportamientos, en el tejido territorial. A su vez, las diferentes estrategias de desarrollo social, económico y ambiental general permiten el encauzamiento de distintos modelos y formas de organización espacial.

En el aprovechamiento racional del territorio cada una de las actividades debe emplazarse en el lugar más adecuado e idóneo según la compatibilidad, coincidencia, afinidad y/o complementariedad o no con el conjunto de relaciones que intervienen.

La ordenación del territorio tiene objetivos fundamentales y objetivos particulares. Entre los primeros se encuentran: asegurar el desarrollo económico equilibrado de las distintas regiones considerando sus características específicas; mejorar la calidad de vida, prestando especial atención al marco de vida cotidiano; y administrar los recursos naturales y proteger el ambiente, desarrollando y estableciendo estrategias que permitan eliminar o, en su caso, disminuir conflictos entre la necesidad de recursos naturales y la necesidad de su conservación. Esto último presupone una administración responsable del marco natural y la puesta en práctica de una política racional de utilización del suelo, porque a toda ordenación del territorio debe, necesariamente, acompañar una política del suelo.

Como objetivo particular destaca la necesidad de crear condiciones de vida comparables tanto en el medio urbano como en el rural en todos los sectores, económico, cultural, social, ecológico, en equipamientos, infraestructuras, considerando particularmente sus principales funciones y las medidas de conservación y ordenación del paisaje. Es preciso controlar la ocupación del suelo, orientar estratégicamente el desarrollo de las actividades económicas, prestar debida atención a la promoción de los transportes colectivos.

Igualmente es objetivo particular, la integración del patrimonio arquitectónico de los monumentos y de los sitios, en una política general de ordenación del territorio y de urbanismo.

Las áreas fronterizas tienen especial necesidad de una política de coordinación que establezca procedimientos de consulta y de cooperación transfronteriza, a fin de promover contactos cada vez más estrechos entre las poblaciones de estas zonas. La conservación y desarrollo de las zonas de montaña, regiones periféricas, y regiones costeras e insulares, obligan la aplicación de una política de ordenación del territorio específica con vistas a garantizar un desarrollo equilibrado y una urbanización coordinada, considerando las exigencias de protección del ambiente en relación a las características regionales.

En todos los niveles de decisión, es preciso un alto grado de compromiso y cooperación intersectorial permanente. En el nivel local, es prudente asegurar la coordinación de los planes de ordenación de los poderes locales que deben, a su vez, considerar los intereses de la ordenación regional y nacional. La misma estrategia debe seguirse en los demás niveles de actuación, en el regional, nacional, comunitario, europeo e internacional.

Aspecto fundamental en esta técnica de gestión preventiva, es la necesaria participación de la población. Porque toda política de ordenación del territorio debe basarse en la activa participación del ciudadano, desde los estudios previos hasta la fase de elección de las opciones que serán la base de las medidas de ordenación.

Los ciudadanos tienen el derecho-deber de estar adecuadamente informados de manera clara y comprensible. En este sentido, los órganos encargados de gestionar la materia ambiental en general y los aspectos vinculados a la ordenación del territorio en particular, tienen la obligación de reflejar transparencia y facilitar la información que se solicite.

La problemática jurídico ambiental vincula el tema a una serie de disposiciones que, sea por vía directa o indirecta, enlazan la ordenación del territorio con la planificación y la evaluación del impacto ambiental.

La preocupación por la ordenación del territorio en el marco de la Unión Europea está recogida, fundamentalmente, en la Carta europea de ordenación del territorio (1983), la cual destaca como unos de sus principales objetivos el desarrollo socioeconómico equilibrado de las diferentes regiones, con lo que, además de controlar el desarrollo de aquellas marcadamente congestionadas debe, mediante la ordenación del territorio, alentarse el desarrollo de aquellas otras regiones que presentan o mantienen cierto grado de retraso.

Si bien esta Carta, al igual que todos los textos internacionales, tiene valor programático, debe servir de inspiración y como apoyo a las legislaciones de los diferentes Estados. Paralela y complementariamente, resulta útil a fin de lograr una mejor interpretación de normas sobre ordenación del territorio, y puede ser invocables ante los Tribunales.

5.3.2. **Evaluación del impacto ambiental** (EIA)

La conciencia acerca de los límites de resistencia de los diferentes recursos naturales dentro de cada particular ecosistema, se ha ido perfilando progresivamente, influyendo de modo directo en la adopción de nuevas reglamentaciones ajustadas a la realidad a regular y conforme las necesidades ambientales.

La Conferencia de Nairobi (1982), declaró la preferencia de prevenir los daños al ambiente antes que acometer con posterioridad la engorrosa y costosa tarea de repararlos. Para ello el instrumento dirigido a abordar preventivamente y dar solución adecuada a los distintos problemas que plantean las actuaciones sobre el entorno, consiste en la aplicación de la Evaluación del Impacto Ambiental.

La EIA es un procedimiento administrativo, mediante el cual se pretende garantizar que todas aquellas potenciales repercusiones que una determinada actividad pueda tener sobre el entorno, incluyendo la salud y bienestar de la población, deban ser analizadas, descritas sistemáticamente y comunicadas, previamente a su autorización.

Se debe destacar que esta técnica preventiva, lejos de constituir un freno al desarrollo y al progreso, supone y garantiza una visión más completa e integrada de las actuaciones sobre el medio, mayor creatividad e ingenio, mayor responsabilidad social en los proyectos, motivación para investigar en nuevas soluciones tecnológicas y, en definitiva, mayor reflexión y atención en los procesos de planificación y de toma de decisiones.

Antes de continuar con el análisis de las principales características de la EIA, es preciso hacer referencia a ciertos conceptos básicos para tener una visión comprensiva general de esta técnica de gestión:

- **Impacto ambiental**: Alteración antrópica que se produce sobre la salud y bienestar humano, como consecuencia de la implementación de una política, plan, programa, disposición administrativa o proyecto concreto, sobre un territorio determinado. También se entiende que hay impacto ambiental, cuando una acción o actividad antrópica, produce una alteración favorable o desfavorable.

Más específicamente, el impacto ambiental de un proyecto, plan, programa y/o política determinada, es la diferencia entre la situación del entorno futuro modificado, tal como se manifestaría como consecuencia de la ejecución de la actividad, y la situación ambiental futura tal como habría evolucionado normalmente sin actuación; lo que es lo mismo, la alteración neta positiva o negativa de la calidad ambiental.

- **Evaluación del impacto ambiental**: Procedimiento jurídico administrativo encaminado a identificar, interpretar, predecir, prevenir y comunicar el impacto ambiental conjunto, derivado de una determinada actuación antrópica. Se trata de un instrumento de conocimiento técnico al servicio de la decisión, un instrumento de juicio y no un instrumento de decisión. En sentido estricto debería denominarse predicción del impacto ambiental, puesto que evaluar es "señalar el valor de una cosa, estimar, apreciar, calcular el valor de una cosa (los daños causados por la inundación se evalúan en varios millones)", en tanto que predecir significa "anunciar por revelación, ciencia o conjetura, algo que ha de suceder."

- **Promotor o titular del proyecto**: Es la persona física o jurídica que solicita la autorización o aprobación definitiva relativa a un proyecto privado. También se denomina como tal a la propia autoridad pública que asume la iniciativa respecto a la aprobación o ejecución de un proyecto.

- **Organo sustantivo**: Igualmente denominado autoridad competente sustantiva, es aquella que, de acuerdo a la legislación aplicable a la actividad en cuestión, debe conceder la autorización para su realización.

- **Organo ambiental competente**: De igual forma denominada autoridad competente en ambiente es aquella que, siempre de conformidad a la normativa vigente, debe emitir la Declaración de Impacto Ambiental.

Estudio de impacto ambiental: Análisis técnico integrado e interdisciplinario, en el que se identifican y valoran los impactos ambientales. Es el núcleo en torno al cual se articula el procedimiento de evaluación del impacto ambiental, siendo sus principales objetivos: describir la situación preexistente y la evolución que tendrían los recursos naturales y el entorno si no se actuase (diagnóstico); valorar el cambio de la calidad ambiental en función de los méritos de conservación de los recursos y del ecosistema al cual éstos pertenecen; proponer las medidas y acciones de protección ambiental apropiadas. Estos estudios incluyen habitualmente: a) Descripción del proyecto y sus acciones relevantes; b) Análisis de las alternativas y solución elegida; c) Información completa sobre el medio en que se actúa; d) Efectos esperados sobre: agua, aire, actividades, suelo, flora, fauna, clima, paisaje, población, estructura y función de los ecosistemas presentes, valores culturales y relaciones sociales; e) Acciones y medidas de protección del medio y corrección de los efectos negativos; f) Programa de vigilancia ambiental, para el seguimiento de la ejecución del proyecto y su posterior fase operativa.

- **Declaración de impacto ambiental**: Dictamen oficial resultante del procedimiento administrativo de evaluación del impacto ambiental, que es emitido por el órgano ambiental correspondiente, una vez revisado el estudio de impacto ambiental y analizados los resultados del proceso de evaluación y de participación pública. Puede decirse que la finalidad del Estudio de impacto ambiental es prever las posibles alteraciones, en tanto que la Declaración de impacto ambiental pretende recoger no sólo los resultados de dicho estudio, sino también las observaciones (alegaciones) del proceso de participación pública y las distintas condiciones a establecer para la protección del medio.

Ciertamente, el nivel de efectividad de este instrumento preventivo dependerá del caudal informativo disponible, así como de una correcta ejecución metodológica y, especialmente, de la importancia asignada a los resultados dentro del proceso de decisión política, condicionando la autorización administrativa.

Es muy conveniente el estudio y análisis de diferentes alternativas posibles dentro de la actuación considerada, puesto que obliga al decisor a optar por la solución más favorable o conveniente, tanto desde el punto de vista administrativo como desde los criterios e imperativos ambientales.

Otro aspecto a tener en consideración dentro del procedimiento es la participación activa de agentes implicados, especialmente aquellas instituciones representativas de intereses privados y Administraciones públicas, cuyos ámbitos físicos o de competencia estén o puedan verse afectados. Al respecto cabe recordar que la Constitución española en el Art.9 exige a los poderes públicos que faciliten y posibiliten la participación de todos los ciudadanos en la vida económica, social y cultural.

A fin de lograr una efectiva participación ciudadana e institucional en el proceso, es necesario atender a tres principios fundamentales: a) Publicar y notificar a los posibles afectados las informaciones sobre la actuación prevista; b) Exhibir públicamente los documentos elaborados en las distintas fases de la EIA, señalando lugar, horario y duración de la exposición pública, así como también los plazos establecidos para presentar las alegaciones escritas y precisas; c) Tramitar las sugerencias, propuestas y objeciones de los interesados, y documentar y publicar la resolución respectiva.

A nivel europeo, el Tercer Programa de acción comunitaria en materia de ambiente, introducía la necesidad de examinar previo a cualquier autorización, aquellas incidencias que sobre el entorno puedan tener determinados proyectos. En 1977 nace la iniciativa acerca de la necesaria implementación de una Directiva específica. El texto aprobado el 27 de junio de 1985 (Directiva 85/337/CEE) representó la 23ª versión del proyecto, y aunque indudablemente la Directiva se inspiró en el modelo norteamericano de la NEPA (Ley nacional de protección ambiental), también se nutrió de disposiciones y experiencias europeas, particularmente francesas, país que a la sazón era el único dotado de una legislación específica en la materia.

La forma y medida en que la Directiva ha sido recibida e incorporada por cada Estado miembro, resulta marcadamente desigual; las razones son ciertamente complejas, en parte porque la incorporación de la Directiva en varios Estados ha exigido profundas modificaciones en el sistema legal y administrativo (mayores de las originariamente previstas), y también porque algunos Estados poseen experimentados sistemas de planificación territorial o normativas estrictas de protección de la Naturaleza.

Como consecuencia de la variada graduación de dificultades, surgidas a raíz de la tarea de adaptación al Derecho interno de cada país miembro de las nuevas exigencias y requisitos impuestos en materia de impacto ambiental, se planteó la necesidad de modificar parcialmente la Directiva. La experiencia puso de manifiesto la importancia de mejorar en algunos aspectos el contenido de la Directiva en relación, especialmente, a la fijación de umbrales o límites a partir de los cuales se exige una evaluación del impacto ambiental, y a cuestiones de procedimiento.

Con esta propuesta del año 1990 la Comisión cumple con lo estipulado en el Art.11 de la Directiva, por el cual cinco años posteriores a su notificación, y previo intercambio de informaciones, deben presentarse al Consejo propuestas para coordinar la actualización de la misma. Tras numerosas consultas e informes, el 18 de diciembre de 1995 se adoptó una posición común, y dado que es necesaria codecisión para la aprobación, se pasó a la segunda fase de lectura por parte del Parlamento.

De forma paralela, existe voluntad para implementar una nueva Directiva, cuya propuesta ha sido presentada en 1991, siendo el propósito de ésta la evaluación ambiental de "planes", "políticas" y "programas", o lo que también se ha dado en llamar "Evaluación Ambiental Estratégica", dado que la Directiva de 1985 solamente se aplica a "proyectos públicos o privados".

El Convenio sobre la diversidad biológica (1992) en cuanto a la evaluación del impacto y reducción al mínimo del impacto adverso, indica "1. Cada Parte Contratante, en la medida de lo posible y según proceda: a) Establecerá procedimientos apropiados por los que se exija la evaluación del impacto ambiental de sus proyectos propuestos que puedan tener efectos adversos importantes para la diversidad biológica con miras a evitar o reducir al mínimo esos efectos y, cuando proceda, permitirá la participación del público en esos procedimientos. b) Establecerá arreglos apropiados para asegurar que se tengan debidamente en cuenta las consecuencias ambientales de sus programas y políticas que puedan tener efectos adversos importantes para la diversidad biológica. c) Promoverá, con carácter recíproco, la notificación, el intercambio de información y las consultas acerca de las actividades bajo su jurisdicción o control que previsiblemente tendrían efectos adversos importantes para la diversidad biológica de otros Estados o de zonas no sujetas a jurisdicción nacional, alentando la concertación de acuerdos bilaterales, regionales o multilaterales, según proceda;"

También se debe recordar el mencionado Convenio de Espoó (1991) sobre evaluación del impacto ambiental en un contexto transfronterizo, que tiene como objetivo intensificar la cooperación internacional en el campo de la evaluación del impacto sobre el ambiente, y considera la necesidad e importancia de elaborar políticas previsoras, así como prevenir, atenuar y vigilar cualquier tipo de impacto ambiental.

En definitiva, la EIA constituye un procedimiento necesario en especial en las siguientes situaciones: a) Cuando no existe sincronización entre el crecimiento de la población y el desarrollo de infraestructuras y servicios básicos; b) Cuando existe una demanda creciente de espacios y servicios a consecuencia de la movilidad de la población y el crecimiento del nivel de vida; c) Cuando existe una progresiva degradación del medio natural como consecuencia de la contaminación y mala gestión de los recursos naturales, modificación sustancial del equilibrio ecológico, perturbaciones imputables a desechos, y deterioro o mala gestión del patrimonio histórico-cultural.

5.3.3. Otros modelos de evaluación ambiental

Evaluación Ambiental Estratégica

Se trata de un procedimiento que tiene por objeto la evaluación ambiental de políticas, planes o programas (PPP), a fin de determinar los efectos previsiblemente derivados sobre el territorio y en el uso del conjunto de recursos naturales. Se refiere, en todo caso, a actuaciones promovidas por la Administración.

El objeto de análisis es, precisamente, lo que la diferencia de la EIA, sin perjuicio que ambas técnicas de gestión compartan un mismo texto legal, permitiendo la compatibilidad y enlace de técnicas de evaluación, tal y como sucede también con la ecoauditoría.

La esencia de esta técnica es incorporar la variable ambiental en fases iniciales del proceso de planificación, previamente al desarrollo de un proyecto determinado.

El orden secuencial lógico es: políticas, planes, programas, proyectos.

En Estados Unidos de Norte América, desde el inicio de la aplicación de la política nacional de protección del ambiente (1969), se considera la Evaluación Ambiental Estratégica, aunque su aplicación es desigual.

En Canadá todas las solicitudes que se presenten al Gobierno deben contener una evaluación o valoración de los efectos ambientales significativos. En la misma línea, las autoridades locales de

Nueva Zelanda están obligadas a realizar evaluación ambiental de políticas y planes.

En Alemania, Francia y Holanda, dentro de las leyes sobre evaluación del impacto ambiental, se consideran aspectos relativos a la Evaluación Ambiental Estratégica.

Esta técnica se va incorporando por distintas vías -evaluación del impacto ambiental, planificación, ecoauditorías- en la gestión de los recursos naturales, especialmente por los importantes resultados que se alcanzan tras su aplicación. Puede cimentar y favorecer notablemente la decisión que tenga por objeto la realización de alguna actividad o actuación susceptible de provocar alteraciones ambientales. Asimismo, permite una mayor participación pública en temas relacionados con el ambiente.

Evaluación de Efectos Acumulados

Responde a la necesidad de analizar efectos ambientales derivados de distintas actividades, que pueden o no coincidir en el espacio y el tiempo (por ejemplo, es el caso de la contaminación difusa).

En esta técnica, ya prevista en la NEPA pero solo recientemente puesta en funcionamiento en algunos países (especialmente USA), se han realizado importantes avances en tres aspectos:

1) Se ha dedicado especial esfuerzo en la redacción de conceptos generales y definiciones, que permitan una comprensión y acercamiento más preciso al tema.

2) La legislación ha registrado un sustancial avance en la incorporación de la obligatoriedad de tratamiento de la Evaluación de Efectos Acumulados.

3) Se han desarrollado metodologías específicas para la aplicación de esta técnica de gestión, considerando especialmente la gran complejidad intrínseca y la valoración de los cambios acumulativos. En general, se tiende a pluralismos metodológicos.

Evaluación Ambiental de Tecnologías

Es una herramienta predictiva de análisis de los efectos ambientales que pueden derivarse de la implementación de una determinada tecnología, con especial referencia a aquellos que inciden sobre la salud humana, sistemas ecológicos y recursos naturales. Incluye:

1) Evaluación Ambiental Estratégica, que examina las implicaciones ambientales de políticas, planes y programas que afecten el desarrollo y uso de la tecnología en cuestión.

2) Evaluación del Impacto Ambiental, de determinados proyectos en los cuales se aplique la tecnología analizada.

3) Evaluación de Riesgos Ambientales, que puedan derivar en daños sobre la salud o sobre los ecosistemas, mediante la aplicación de métodos cualitativos y cuantitativos.

4) Análisis del Ciclo de Vida del Producto, que evalúe las consecuencias ambientales desde la adquisición de la materia prima, hasta el depósito final como residuo.

Evaluación del Ciclo de Vida

La Evaluación del Ciclo de Vida es un proceso objetivo para evaluar las cargas ambientales asociadas a un producto, proceso o actividad, identificando y cuantificando la energía y los materiales utilizados y los residuos liberados al entorno, para analizar y poner en práctica mejoras ambientales.

Evaluación Ambiental Integrada

Comprende las distintas técnicas de gestión ambiental que deben ser aplicadas de forma integrada. De esta manera, si la Evaluación Ambiental Estratégica se aplica sobre políticas, planes y programas, la Evaluación del Impacto Ambiental sobre proyectos, el Análisis del Ciclo de Vida sobre productos y la Auditoría Ambiental sobre procesos, cualquier tipo de iniciativa debería someterse, en todo caso, a una evaluación del impacto económico, contribuyendo a que, en definitiva, las cuestiones ambientales puedan ser incorporadas en una contabilidad ambiental.

5.3.4. Ecoauditoría

Por ecoauditoría se entiende la técnica correctora y cuasi preventiva que comprende una evaluación sistemática, documentada, periódica y objetiva de la eficacia de la organización, el sistema de gestión y procedimientos destinados a la protección del ambiente con que cuenta una industria.

La normativa marco, a nivel europeo, es el Reglamento 1836 de 29 de junio de 1993, por el que se permite que las empresas del sector industrial se adhieran con carácter voluntario a un sistema comunitario europeo de gestión y auditoría ambiental.

Esta norma recuerda que los objetivos y principios de la política ambiental comunitaria se fundan principalmente en la prevención, reducción y, en la medida de lo posible, eliminación de la contaminación en su origen.

El objetivo principal de la ecoauditoría es proveer un mecanismo estructurado y comprensivo para asegurar que los procedimientos, productos y actividades generales de las empresas industriales no generen efectos negativos para el entorno en el que se están realizando tales actuaciones.

Son también objetivos que se pretenden alcanzar por medio de las ecoauditorías: determinar si la industria cumple con las exigencias legales de tipo ambiental; evaluar la efectividad de los sistemas de control y gestión establecidos; determinar si la industria cumple con la política ambiental interna; verificar el cumplimiento de las políticas y estándares ambientales; identificar las posibles deficiencias en los sistemas productivos; minimizar riesgos; comprobar que se conocen todas las responsabilidades ambientales; informar acerca del comportamiento industrial ambiental; y, en general, promover la mejora continua de los resultados de las actividades industriales en relación con el ambiente.

Concretamente, estos objetivos se pueden alcanzar mediante:

1) El establecimiento y aplicación por parte de las empresas de políticas, programas y sistemas de gestión ambiental en relación con sus centros de producción.

2) La evaluación sistemática, objetiva y periódica del rendimiento de las políticas, programas y sistemas de gestión ambiental.

3) La información al público acerca del comportamiento de la industria en materia ambiental.

En este sistema comunitario de ecoauditorías podrá participar cualquier empresa que opere en uno o varios centros, donde se lleve a cabo una actividad industrial.

La técnica de ecoauditoría, que comparte características preventivas y correctoras, surge en los años setenta en los Estados Unidos de Norte América en el entorno, fundamentalmente, de las grandes multinacionales de la química. Con posterioridad, hacia la década de los ochenta, se extiende a Canadá y a Europa, a través de Holanda y de Alemania.

Existen varias razones o motivos por los cuales esta técnica se ha expandido geográficamente y dentro de una gama progresivamente amplia de empresas. El grado de exigencia de los consumidores aumenta día a día, demandando éstos cada vez mayor cantidad de productos eficaces que, al mismo tiempo, sean compatibles con las necesidades ambientales. Es la sociedad la que está exigiendo industrias más respetuosas con el ambiente.

Las empresas industriales requerirán en los próximos años la realización de importantes cambios en sus estructuras y en sus procesos industriales, para poder ser auténticamente competitivas y para cumplir con los mandatos comunitarios de orden ambiental.

De forma primordial necesitarán contar con un importante marco de referencia precautorio-preventivo y corrector, para lo cual precisarán de la puesta en práctica de instrumentos y herramientas específicas, para poder hacer frente al conjunto de necesidades tecnológicas, económicas y ambientales.

Las empresas deben cubrir todas sus áreas de riesgo, es decir, deben tener definidos cuáles son los aspectos más vulnerables susceptibles de generar riesgos; éstos, los riesgos, no sólo residen en el campo económico-financiero, pues además se encuentran los riesgos ambientales que, en primera y en última instancia están definiendo aquellos.

El riesgo de una mala gestión se inicia en estructuras deficientes, procedimientos inadecuados y carencia de política ambiental.

Las ecoauditorías han de ser realizadas por profesionales capacitados, con suficiente formación y pericia, y con alto nivel de conocimiento acerca de los sectores y campos comprendidos en el ámbito de la auditoría, todo lo cual permitirá alcanzar los diferentes objetivos fijados. Estos conocimientos se relacionan con aspectos técnicos, normativos, de gestión y ambientales generales.

Las actividades que comprenden las auditorías ambientales incluyen conversaciones con el personal, inspección de las condiciones de funcionamiento y de las instalaciones, examen de los registros, procedimientos escritos y demás documentación pertinente.

De esta manera podrá ir evaluándose el comportamiento ambiental de la industria, comprobando si ésta cumple con las normas aplicables, y si es adecuado y efectivo el sistema de gestión de las responsabilidades ambientales.

De forma particular el procedimiento deberá incluir las siguientes fases: a) comprensión de los sistemas de gestión; b) evaluación de los aspectos fuertes y débiles de los sistemas de gestión; c) recogida de los datos necesarios; d) evaluación de los resultados de la auditoría; e) preparación de las conclusiones de la auditoría; f) comunicación de los resultados y las conclusiones de la auditoría. Finalizará con la preparación y aplicación de un plan de medidas correctoras, debiéndose velar para que existan y funcionen mecanismos que aseguren que se atiende a los resultados de la auditoría realizada.

Las industrias precisan un marco jurídico e institucional y políticas ambientales coherentes, que tengan en cuenta todo el conjunto de intereses, y sean capaces de identificar y evitar los problemas antes que éstos surjan. Los programas ambientales deben ser adaptables y reorientados permanentemente, en función de la experiencia recogida y de las nuevas necesidades e imperativos ambientales.

La ecoauditoría o auditoría ambiental permite conocer la situación real de las empresas industriales en relación al ambiente, al menos en los siguientes aspectos:

- **Vertidos**: En este campo, la ecoauditoría permite conocer las cantidades, fuentes, puntos y tipos de vertidos, dando especial atención al análisis de los sistemas de tratamiento y destino de las aguas. Determinará el nivel de acatamiento de las normas legales ambientales, y comprobará la necesidad de contar con autorizaciones de vertidos, pago de canon de vertidos y obligaciones de depuración.

- **Emisiones a la atmósfera**: A través de la ecoauditoría se puede conocer la cantidad y entidad, fuentes y puntos de emisión de las sustancias contaminantes emitidas a la atmósfera determinando, asimismo, los posibles riesgos y el grado de cumplimiento de la regulación jurídica ambiental aplicable.

- **Suelos**: En este sector la auditoría ambiental permitirá igualmente conocer el estado de los suelos, si se encuentran contaminados, en qué medida y cuáles son las sustancias que lo han contaminado. Señalará posibles tecnologías para la recuperación de los suelos afectados y determinará el grado de cumplimiento de las normas legales ambientales.

- **Residuos**: En este aspecto la auditoría ambiental permitirá conocer cantidades y tipos de residuos producidos, si éstos se gestionan correctamente sea desde el punto de vista legal en cuanto a las autorizaciones, tiempo de almacenamiento, obligaciones documentales, como desde el punto de vista técnico, en relación a la selección de materias primas, minimización en la producción de residuos, reutilización, recuperación y reciclado de productos.

- **Ruidos y vibraciones**: La ecoauditoría facilitará el establecimiento de los niveles de ruidos y de vibraciones, tanto interiores como exteriores, determinará las fuentes de producción de los ruidos y de las vibraciones, y podrá verificar el cumplimiento de las normas legales ambientales aplicables.

- **Impactos**: La auditoría ambiental analizará y determinará los diferentes efectos de las actividades sobre el entorno en el cual ésas se están realizando.

- **Utilización de recursos**: La ecoauditoría podrá señalar si los recursos en su conjunto y separadamente se están utilizando de forma adecuada, indicando los posibles modos de mejoramiento en el uso de los mismos.

El procedimiento requiere la intervención de un verificador ambiental acreditado, independiente del auditor del centro, quien comprobará si: a) se ha asumido la política ambiental y se cumplen los requisitos de participación en el sistema; b) en el centro existen y se aplican un sistema de gestión y un programa ambiental; c) la evaluación y la auditoría ambiental se llevan a cabo de conformidad con los requisitos; d) los datos y la información de la declaración ambiental son fiables; e) la declaración comprende adecuadamente la totalidad de los aspectos ambientales significativos que correspondan al centro.

El verificador acreditado validará la declaración ambiental sólo si se cumplen las condiciones mencionadas.

Los auditores externos y los verificadores ambientales acreditados no podrán divulgar, sin autorización de la empresa, la información y los datos obtenidos durante el desempeño de sus funciones como auditor o verificador.

En cuanto a la declaración ambiental, ésta se hará después de la primera evaluación ambiental y de la conclusión de cada auditoría consecutiva o ciclo de auditoría, por cada centro que participe en el sistema.

La declaración ambiental se redactará expresamente de forma resumida y comprensible para información del público, y podrá adjuntarse información técnica. En particular comprenderá: a) Descripción de las actividades de la empresa en el centro considerado; b) Valoración de todos los problemas ambientales significativos que guardan relación con las actividades que se tratan; c) Resumen de datos cuantitativos sobre emisión de contaminantes, generación de residuos, consumo de materias primas, energía y agua, ruidos y otros aspectos ambientales significativos; d) Otros factores relacionados con el rendimiento ambiental; e) Presentación de la política, programa y sistema de gestión ambiental de la empresa aplicados en el centro que se trate; f) Plazo fijado para la presentación de la siguiente declaración; g) Nombre del verificador ambiental acreditado.

Además, la declaración hará constar los cambios importantes ocurridos desde la anterior declaración. Durante los años intermedios deberá elaborarse anualmente una declaración ambiental simplificada; en la misma se harán constar los cambios significativos ocurridos desde la declaración anterior.

Estas declaraciones simplificadas sólo requerirán validación al finalizar la auditoría o ciclo de auditoría.

Los verificadores ambientales acreditados en un Estado miembro podrán ejercer actividades de verificación en los demás Estados miembros, sujetas a notificación previa y bajo la supervisión del sistema de acreditación del Estado miembro en el que se lleva a cabo la verificación.

Los sistemas de acreditación establecerán, revisarán y actualizarán la lista de los verificadores ambientales acreditados en cada Estado miembro, debiéndose remitir semestralmente a la Comisión. Esta publicará una lista completa para toda la Comunidad en el Diario Oficial de las Comunidades Europeas.

La Norma UNE española 77-801-93 especifica los requisitos para la elaboración, aplicación, mantenimiento y evaluación de un sistema de gestión ambiental. Se aplica a todo centro de producción, cuya dirección desee voluntariamente implantar un sistema de gestión ambiental en aplicación de una política ambiental determinada, que quiera asegurarse de la aptitud del sistema para la realización de esta política y mejorar de manera permanente su eficacia, o que desee demostrar a las partes interesadas su aptitud para controlar los efectos de sus actividades, productos o servicios sobre el ambiente.

Paralelamente, la Norma UNE 77-802-93 representa una guía para llevar a cabo las auditorías del sistema de gestión ambiental. Es aplicable a cualquier tipo de organización que cuente con un sistema de gestión ambiental. La auditoría del sistema de gestión ambiental, es una evaluación sistemática, documentada, periódica y objetiva que se realiza para determinar si el sistema de gestión y el comportamiento ambiental satisfacen las disposiciones previamente establecidas, si el sistema se ha implantado de forma efectiva, y si es adecuado para alcanzar la política y objetivos ambientales de la organización.

El sistema de gestión ambiental, es la parte del sistema de gestión global que define la política ambiental y que incluye la estructura organizativa, responsabilidades, prácticas, procedimientos, procesos y recursos para implantar dicha política.

La Asociación Nacional de Auditores y Verificadores Ambientales (ANAVAM) de España, es una asociación privada sin ánimo de lucro, integrada por distintas empresas consultoras. Esta Asociación se constituye como un centro abierto a empresarios y entidades que realicen actividades de auditoría y verificación de los sistemas de gestión ambiental y hayan obtenido, si fuere procedente, la acreditación para realizar esas actividades.

Las principales actividades de ANAVAM se centran en integración, información, desarrollo, cooperación, formación y divulgación. Y los objetivos específicos son: informar sobre la legislación europea, nacional y autonómica relacionada con la actuación profesional de sus asociados; fomentar la presencia de la Asociación en foros nacionales e internacionales; elaborar un registro de sus asociados; aproximar la comunicación entre asociaciones similares de países de la Unión Europea, a fin de intercambiar experiencias, elaborar criterios comunes y favorecer la aplicación homogénea del Reglamento; establecer un código deontológico que garantice la imparcialidad, confidencialidad y criterios éticos en las actuaciones profesionales de sus asociados.

Para formar parte de esta Asociación es preciso ser entidad pública o privada con personalidad jurídica, disponer de medios humanos y materiales, solvencia técnica, financiera e imparcialidad necesarias para realizar las funciones. Igualmente, se deberá cumplir con los requisitos de acreditación para alcanzar eficacia equiparable a otras entidades y organismos comunitarios y el reconocimiento en el ámbito de la Unión Europea. Incorporarse a la Asociación implica el compromiso del cumplimiento de los estatutos, reglamento de régimen interior, código deontológico, y pago de cuota establecida.

La Entidad Nacional de Acreditación (ENAC) es el organismo español de acreditación de entidades de certificación, organismos de inspección, laboratorios de ensayo y laboratorios de calibración. Tiene carácter jurídico de asociación privada sin fines lucrativos.

5.3.5. Ecoetiquetado

El Parlamento Europeo en la Resolución de 19 de junio de 1987, sobre gestión de desechos y vertederos, abogó por la creación de una etiqueta identificativa para los productos ecológicos. Esta necesidad se demandaba por el manifiesto y creciente interés de los usuarios y consumidores, por estar informados acerca de los productos menos perjudiciales para el medio.

Cinco años después, se aprueba el Reglamento 880/92 relativo al sistema comunitario de concesión de etiqueta ecológica. Según los considerandos de este Reglamento, se podrán mantener los sistemas de concesión de etiqueta ecológica que ya existan o que se creen en el futuro, siendo la finalidad de esta norma establecer las condiciones necesarias para la creación de una etiqueta ecológica única y eficaz dentro de la Unión Europea.

El sistema tiene como objetivos promover el diseño, producción, comercialización y utilización de productos que tengan repercusiones reducidas en el ambiente durante todo su ciclo de vida, así como proporcionar a los consumidores mayor y mejor información sobre las repercusiones ecológicas de los productos.

Por principio general, la etiqueta ecológica se concederá a aquellos productos que cumplan con los objetivos señalados y, además, se ajusten a los requisitos comunitarios en materia de ambiente, seguridad y sanidad.

No se concederá la etiqueta ecológica a productos que: a) Sean preparados o sustancias clasificados como peligrosos (Directivas 67/548 y 88/379), podrá concederse en aquellos casos de productos que contengan una sustancia o preparado considerado peligroso con arreglo a dichas Directivas, siempre que cumplan los objetivos descritos; b) Estén fabricados mediante procedimientos que puedan causar daños considerables a las personas o al ambiente.

El ámbito de aplicación del Reglamento no se extiende a los alimentos, a las bebidas ni a los productos farmacéuticos. Los productos importados deberán cumplir, al menos, los mismos requisitos que se exigen para productos fabricados en la Unión Europea.

Las condiciones para la concesión de etiquetas ecológicas se definen por categorías de productos, que tendrán un período de validez de tres años. Cuando el período de validez de los criterios ecológicos se amplíe sin sufrir éstos cambio alguno, la validez de la etiqueta se podrá prorrogar por el mismo período.

La etiqueta ecológica llevará el logotipo modelo que se imprimirá en dos colores, verde y azul, o en negro sobre blanco o en blanco sobre negro. Cada Estado miembro debe designar un organismo administrativo competente, encargado de llevar adelante las disposiciones del Reglamento, debiendo tener una actuación neutra e independiente.

Cualquier fabricante o importador que solicite la concesión de una etiqueta ecológica, deberá presentar una solicitud ante el organismo competente designado por el Estado miembro en el cual el producto se fabrique o sea puesto en el mercado por primera vez, o al que sea importado el producto desde un tercer país.

La Comisión publicará, al menos una vez por año, en el Diario Oficial de las Comunidades Europeas: a) las categorías de productos, períodos de validez y criterios ecológicos específicos correspondientes; b) la relación de los productos que hayan obtenido una etiqueta ecológica, el nombre de los fabricantes o importadores y fecha de expiración de las etiquetas; c) el nombre y domicilio de los organismos competentes.

Para información de consumidores y empresas la Comisión publicará de vez en vez, una relación completa de los productos a los que se haya concedido la etiqueta ecológica.

Cada Estado miembro deberá velar para que, tanto consumidores como empresas, estén informados adecuadamente sobre: a) objetivos del sistema de concesión de la etiqueta ecológica; b) categorías de productos seleccionados; c) criterios ecológicos aplicables a cada categoría de productos; d) procedimientos de solicitud de la etiqueta; e) organismos competentes del Estado miembro que se trate.

En cuanto a la publicidad, sólo podrá hacerse referencia a la etiqueta ecológica en los anuncios publicitarios, una vez que ésta haya sido efectivamente concedida, y exclusivamente con relación al producto específico. Queda prohibida cualquier publicidad engañosa, así como el uso de etiquetas y logotipos que puedan confundirse con la etiqueta ecológica comunitaria creada por el Reglamento 880/92.

La Unión Europea, por medio de Decisiones, ya tiene aprobados criterios de concesión de etiqueta ecológica, para productos tales como lavadoras, lavavajillas, papel higiénico, papel de cocina, mejoradores de suelo, detergentes, pinturas, barnices, bombillas.

Por ejemplo, en cuanto al papel higiénico y al papel de cocina, se establece que la materia prima fibrosa para la producción de estos papeles sea pasta virgen o procedente de papel usado, o bien una mezcla de ambos. A su vez, señala que toda la madera virgen deberá proceder de regiones en las cuales esté en práctica la gestión de los bosques.

El efecto ambiental de estos papeles se evaluará en función de la emisión de anhídrido carbónico, anhídrido sulfuroso, de sustancias al medio acuático, de residuos, y del consumo de recursos renovables y no renovables.

En relación a los mejoradores de suelo, definidos en la Decisión como "aquellos materiales vendidos como productos de marca a aficionados a la jardinería para ser incorporados al suelo principalmente para mejorar sus propiedades físicas y/o biológicas sin producir efectos nocivos", se establece que la concesión de la etiqueta ecológica para este tipo de productos estará sujeta al cumplimiento de determinados criterios ecológicos, tales como que el contenido orgánico de los mejoradores de suelo proceda de materias derivadas del tratamiento o reutilización de materiales de desecho.

Para los detergentes, se consideran todos los elementos que intervienen en su composición, penalizándose especialmente los fosfatos. Los criterios básicos que se tienen en cuenta son la biodegradabilidad aeróbica y anaeróbica, los envases y la información suministrada al consumidor.

En pinturas y barnices se consideran los compuestos orgánicos volátiles, y en las pinturas de clase II estos compuestos orgánicos volátiles no pueden superar los 200 gramos/litro. Se excluyen una serie de metales entre los que se encuentran mercurio, cadmio, cromo, arsénico. También se tiene en cuenta el poder de cubrimiento y las condiciones de uso.

Entre los criterios ecológicos establecidos para la concesión de etiqueta ecológica a las bombillas, evidentemente el más importante es su eficacia energética, la cual debe superar los 40 lumen/watio; igualmente se considera la vida útil del producto [mínimo de 8000 horas], y la información para el consumidor.

5.3.6. Medidas

En materia ambiental, las medidas ambientales son una herramienta indispensable en cualquier actividad, y constituyen punto de apoyo fundamental para los diferentes organismos encargados de gestionar el medio. A la vez su aplicación, basada en cierta graduación progresiva, permite ir adecuando la medida ambiental al caso concreto.

La puesta en práctica del conjunto de medidas ambientales pretende anticiparse a aquellas acciones, proyectos o sustancias que, de alguna manera, puedan llegar a ser perjudiciales para un recurso en particular o para el ambiente en general.

Según las circunstancias, los distintos tipos de medidas ambientales deben ajustarse a las situaciones dadas, sea preferentemente previniendo, compensando, disuadiendo, reparando o, en su caso, reprimiendo.

Algunas de las medidas que pueden orientarse hacia el uso sostenible de los recursos desde la perspectiva jurídica, puede ser, entre otras, la reorganización de la estructura estatal, a fin de facilitar la formulación de una política global de los recursos naturales.

También es una medida adecuada la consolidación de una estructura administrativa suficientemente fuerte, que administre debidamente y regladamente la utilización de los recursos sobre la base de la protección adecuada del medio.

Otras medidas son, la formación de especialistas e información a funcionarios de la Administración en todos los niveles, la preparación de proyectos y la investigación en legislación ambiental comparada y, fundamentalmente, la difusión de información actualizada y la enseñanza jurídico ambiental.

Se requiere un cambio sustancial en el comportamiento de la industria, del comercio y de los propios consumidores. Pero para que este cambio tenga lugar, es necesario desarrollar medios innovadores, viables y económicamente realizables. Por ello, es conveniente el mutuo apoyo de medidas de tipo político, económico, administrativo, legal y fiscal para conseguir el pretendido cambio de comportamiento.

En los últimos años se han desarrollado una serie de medidas legislativas, institucionales, de control, de divulgación e información, instrumentos económicos y financieros, medidas de carácter imperativo o voluntario, precautorias, preventivas, represivas, compensatorias, disuasorias, correctoras, estimuladoras, y de prestación.

La mejora ambiental requiere en primer término un cambio sustancial en el comportamiento de las personas a nivel individual y colectivo. Para contribuir a ello, cualquiera sea la medida que se adopte, siempre deberá estar apoyada en importantes campañas de información coordinada.

Todo programa coordinado de información, formación y participación debe constituir parte integrante de cualquier plan de mejora ambiental.

Las medidas pueden constituir meras exhortaciones, suaves estímulos, ligeras persuasiones, o fuertes sanciones. Sin embargo, la información puede resultar un instrumento efectivo y tan poderoso como las más severas medidas.

Por ejemplo, en el caso de la recogida de residuos, se han puesto en práctica diversos métodos para financiar la recogida de los de naturaleza doméstica, tales como una tasa fija, o determinada en función del número de personas que habitan la vivienda, o del tamaño de ésta. El incentivo más obvio, quizás, para reducir residuos, es que el generador de los mismos pague directamente el coste íntegro que corresponde a recogida, tratamiento y eliminación.

Cualquiera que sea la medida en el tema de los residuos, la primera y principal se centra en evitar, a la cual sigue minimizar, en una etapa posterior reciclar, para luego tratar y por último eliminar.

Además, "junto a los conocidos instrumentos estatales, como impuestos o tasas (por ej., para productos que menoscaban el ambiente) o subvenciones o desgravaciones fiscales (por ej., caso que se adopten medidas de defensa frente a actividades dañosas), deberían merecer también mayor atención aquellos modelos de solución que permitan ejercer un influjo directo en los baremos de actuación y procesos de decisión de los sujetos económicos implicados, a través de la internalización de los costos externos." (21)

"Con la internalización de los efectos externos debe intentarse una reconducción de las consecuencias de aquellas decisiones que afectan al ambiente, al cálculo de costes de la unidad decisoria responsable. Como consecuencia de ello, la empresa -estimulada por el principio de beneficio o éxito- se verá obligada a reducir al mínimo aquellos efectos que ahora aparecen como costes." (22)

"Como consecuencia de la internalización de costes sociales adicionales, es de esperar la promoción de modos de producción que sean ventajosos desde perspectivas sociales globales, impidiéndose de esta forma la escisión entre ventaja privada y daño público. Puesto que toda empresa intentará disminuir los costes, esto podría situar mejor a las empresas y procesos de producción que parecen más favorables desde la perspectiva del ambiente y aportarle ventajas cara a la competencia. Este aliciente podría impulsar el desarrollo y la aplicación de novedades técnicas y promover la reestructuración hacia una producción ecológicamente favorable." (23)

Evidentemente, tras la internalización de costes externos existe una voluntad valorativa básica entre producción y consecuencias de efectos negativos importantes causados por tal. Por ello, "cargar a la producción con costos ambientales supondrá una reestructuración industrial que requiere dirección estatal, pero también ayuda estatal para la adaptación, así como control jurídico." (24)

Las medidas de **indemnización** para la adecuada reparación de daños en materia ambiental se vuelven un tanto complejas, porque es difícil realizar una estimación económica precisa que facilite la indemnización por pérdidas materiales. No obstante la obligación de mantener al ambiente en buen estado de conservación y disfrute, impone la exigencia de restaurarlo cuando haya sido alterado o degradado. Esto otorga el derecho a exigir al autor del daño los costes de la reparación. Por tanto, la indemnización que el responsable tiene la obligación de pagar, se debe calcular sobre el coste de la restauración.

Las medidas de **protección** del ambiente tienen por finalidad principal mantenerlo en un grado óptimo de calidad, la cual asegure su perdurabilidad y disfrute. Ahora bien, al extralimitar los parámetros mínimos que permiten mantener un ambiente adecuado para su permanencia en el tiempo con calidad, sobreviene directamente el daño al entorno en el que se han superado esos límites mínimos. Pero éstos no son escalas fijas, o estándares reproducibles en todas las realidades físicas. Cada recurso natural, cada particular ecosistema tiene sus mínimos propios. En este aspecto, la legislación debe ser en extremo prudente y cuidadosa, al momento de fijar esos umbrales mínimos a respetar para mantener la calidad ambiental deseada.

Muchos países utilizan algún tipo de programa de **subvenciones** para la mejora ambiental global. Estas ayudas pueden tener naturaleza monetaria directa, como son los subsidios o subvenciones que se conceden para llevar adelante programas de prevención, para investigación y desarrollo. Otros apoyos son los préstamos a bajo interés, o las subvenciones destinadas a cubrir inversiones. En Japón el Fondo se nutre con impuestos sobre emisiones contaminantes y con un porcentaje del impuesto sobre vehículos.

Dentro de las medidas ambientales **disuasorias** se incorporan las de tipo impositivo, las cuales a su vez comparten características con las de naturaleza precautoria preventiva. Todo aquel que contamina tiene la obligación de pagar en relación al daño que ha producido. El impuesto es definido por Giannini como la "prestación pecuniaria que un ente público tiene derecho a exigir en virtud de su potestad de imperio, originaria o derivada, en los casos, en la medida y según los modos establecidos en la Ley, con el fin de conseguir un ingreso."

Los **impuestos** o tributos ambientales cumplen algunas funciones esenciales, por una parte constituyen una importante fuente de ingresos para poder hacer frente a las diferentes mejoras ambientales (prevención - corrección - restauración), y por otra parte, representan medios de disuasión o contención de comportamientos generadores de efectos ambientales negativos.

La utilización de impuestos o tributos sobre distintos productos, como sistema para aumentar el precio de los desechables o no reciclables, es cada vez más habitual en muchos países de Europa. Los impuestos generalmente son aplicados en materia de residuos, por ejemplo, para incentivar la puesta en marcha de sistemas de depósito-devolución, tal como sucede en países como Finlandia y Noruega, que conceden exenciones fiscales en el caso de porcentajes adecuados de devolución.

El establecimiento de impuestos ambientales constituye una medida preventiva disuasoria de múltiples e importantes efectos. Por un lado, determinar este tipo de impuestos sobre el conjunto de actividades que de algún modo repercuten negativamente sobre el medio, significa asegurar que se incluyen o consideran los costes ambientales en las decisiones de carácter ambiental.

Por otro lado, mediante los impuestos ambientales, se tiende a incrementar el conjunto de medidas y mecanismos de control tanto en los casos de emisiones de contaminantes, vertidos tóxicos, procesos de producción, como en los diseños industriales, para adecuarlos a las exigencias ambientales.

También resultan de interés estos impuestos o tributos, porque tienden progresivamente, por vía de la precaución, a conformar en la población cierto grado de conciencia ambiental, necesaria para cualquier logro de carácter conservacionista o proteccionista.

Hay un importante número de países que han optado por la práctica del impuesto o tributo ambiental, conocido también por impuesto verde, impuesto de conservación o impuesto ecológico, reconociéndose a éste como la figura más difundida.

La trascendencia de esta medida que comparte características básicas de disuasión con las de tipo precautorio-preventivo, declina en alguna forma al sustentarse sobre cantidades extremadamente bajas, como es el caso de Noruega en relación al impuesto ambiental sobre plaguicidas y fertilizantes.

Sin embargo, el Reino Unido representa una excepción a lo anteriormente dicho, donde un impuesto superior sobre la gasolina con plomo elevó la utilización de la gasolina sin plomo de un 4% en abril de 1989 a un 30% en marzo de 1990. Algo similar, pero en relación a los clorofluorocarbonos sucedió en Estados Unidos de Norte América, cuando el Congreso aprobó un impuesto sobre los CFCs a fin de asegurar su progresiva eliminación. Se ha aplicado un impuesto de 3,02 dólares por kilogramo de los CFCs más utilizados, casi dos veces el precio del momento; en 1995 se elevó a 6,83 dólares por kilogramo y en 1999 aumentará a 10,80 dólares por kilogramo.

El impuesto sobre materias primas constituye otro interesante instrumento relacionado con la fiscalidad sobre productos, pero al afectar la materia prima resulta sustancialmente más efectivo, puesto que se aplica en una fase inicial del ciclo de vida total del producto. En Italia, por ejemplo, se gravan las materias primas que se utilizan en los envases para bebidas.

Las medidas disuasorias se pueden materializar también en impuestos sobre instalaciones que inciden en el ambiente. Es decir, se hace recaer el gravamen sobre los agentes económicos que, mediante el ejercicio de actividades, realización de actuaciones o instalaciones, alteren el equilibrio natural, en tanto que tales actividades les benefician tan sólo a ellos. Pero estas acciones repercuten negativamente en el conjunto del grupo social, que soporta los efectos ambientales negativos y el deterioro del medio.

Gravar con impuestos especiales las distintas actividades, instalaciones, materias o productos, cuyas repercusiones afecten negativamente al medio en el cual se realizan, se ha convertido en una necesidad ambiental, a fin de preservar los bienes naturales y, particularmente, para contar con una importante fuente de medios económicos que faciliten y favorezcan actuaciones positivas en beneficio del bien común.

Hay que tener en cuenta que, al poner en práctica cualquier tipo de gravámenes o impuestos de tipo ambiental, es importante reducir la presión fiscal en algún otro sector del sistema tributario, de modo que permita mantener neutralidad fiscal.

La finalidad implícita en la protección fiscal del ambiente es fomentar e incentivar la no generación o, en su caso, la disminución de la contaminación.

Por ello, se han establecido exenciones fiscales y bonificaciones para quienes inviertan en tecnologías limpias, utilicen mayor cantidad de recursos renovables, minimicen o disminuyan los vertidos contaminantes.

Un interesante ejemplo es la modalidad empleada en el sector de residuos denominada crédito al reciclaje. El programa británico "en el que la 'autoridad de eliminación' de residuos paga una parte de lo que se ahorra o de los costes de eliminación evitados a la 'autoridad de recogida' de residuos o a otras organizaciones responsables de la recogida de materiales para reciclaje, que de otro modo, no recibirían ningún incentivo financiero para reducir la cantidad de residuos a eliminar. Tales programas son sorprendentemente inusuales, dándose otros ejemplos en algunos Estados australianos y provincias canadienses." (25)

Los mercados para materiales reciclados, es otro grupo de medidas que se centra en el fomento del reciclaje, siendo las más comunes las políticas de compra preferente. Con ésta se pretende motivar a las administraciones públicas y a las empresas privadas para que adquieran elementos reciclados.

Aunque los instrumentos fiscales van adquiriendo particular relevancia, no son las únicas medidas que se suelen utilizar en materia ambiental.

Las sanciones, los seguros, los fondos de indemnización y los umbrales administrativos, representan un importante grupo de medidas aplicables a la variable ambiental. Son igualmente medidas apropiadas los permisos, licencias, autorizaciones, que es oportuno complementar con distintos tipos de controles. Así como restricciones o limitaciones sobre determinados productos que ocasionan problemas ambientales.

En cuanto a las medidas **correctoras**, el Convenio de Lomé (firmado en 1989 entre la CEE y la ACP, que es un grupo formado por sesenta y nueve países de Africa, el Caribe y el Pacífico), señala en el artículo 37 que "Según las necesidades, podrán utilizarse criterios tanto cualitativos como cuantitativos. Para apreciar la viabilidad ambiental de las actividades propuestas, sea cual sea su importancia, se utilizarán listas de los elementos que habrán de tomarse en consideración, acordadas conjuntamente. Para los proyectos de envergadura y para los que presenten un riesgo importante para el ambiente se recurrirá, en su caso, a estudios de impacto. [...] La utilización de esos instrumentos permitirá, en caso de que se prevean consecuencias negativas para el ambiente, la formulación de las medidas correctoras indispensables desde la fase inicial de los programas y proyectos que se hayan planificado, de manera que éstos puedan avanzar según los calendarios de ejecución previstos y que puedan mejorarse desde el punto de vista de la protección del ambiente y de los recursos naturales."

Las medidas correctoras quedan ejemplificadas en la realización de técnicas de gestión que, generalmente, comparten características precautorias y preventivas. Dentro de este grupo se encuentran, entre otras, los planes correctores de las ecoauditorías y de las evaluaciones del impacto ambiental, y la restauración de espacios afectados por actividades extractivas a cielo abierto.

El tipo de medidas de **prestación**, bajo la aplicación de la técnica jurídica de la analogía, se puede asimilar a la prestación de servicio militar sustitutoria. Es decir, en aquellos casos en los cuales no corresponden las medidas precautorias ni preventivas, y tampoco las compensatorias, disuasorias, reparadoras ni represivas, se justifican las de prestación.

Si bien este tipo de medidas ambientales comparten características con las de carácter reparador, no obstante, el punto de vista es sensiblemente distinto, puesto que en tanto las de carácter reparador vuelven al estado anterior algo dañado -el mismo bien-, en el caso de las de prestación los bienes o servicios pueden aplicarse a situaciones diferentes.

Pueden cumplirse de forma personal, impersonal o mediante la entrega de bienes. Las de carácter personal podrían comprender, por ejemplo, distintos tipos de actividades en centros educativos o de interpretación de la Naturaleza.

Las medidas impersonales podrían consistir, entre otras, en difundir el tema ambiental que ha motivado la sanción, destacando las acciones realizadas para reparar el daño causado; proporcionar facilidades para la organización de jornadas sobre temas ambientales.

La entrega de bienes puede consistir en recursos vivos, elementos inertes o aportes económicos; recursos vivos tales como: especies para repoblación forestal, especies para repoblación piscícola, reposición de especies animales o vegetales en zoos o jardines botánicos; elementos inertes: cierta cantidad de insumos necesarios para la construcción de un vivero de plantas autóctonas, restauración de una reserva de animales salvajes, creación de un centro de recogida de animales requisados, recuperación de centros para la difusión de temas ambientales, dotación de herramientas necesarias para la creación y mantenimiento de huertos biológicos.

En cuanto a las medidas **estimuladoras**, es necesario buscar aquellas más prácticas que hagan que la mejora del ambiente sea posible. En este sentido, la herramienta ambiental más poderosa a nivel empresarial y de inversiones puede ser la Bolsa de Valores. Si se pueden enviar los signos correctos a la Bolsa, es muy posible que el comportamiento de las personas oriente su dirección hacia formas y actitudes más comprensivas y protectoras del medio.

Una manera es cambiar la contaminación por interesantes beneficios; se trata de otorgar permisos gubernamentales para emitir dióxido de azufre, sustancia clave en la formación de la lluvia ácida. Por ello las plantas industriales de Estados Unidos de Norte América que contaminan muy por encima de los niveles establecidos, deben pagar grandes multas. Sin embargo, las empresas pueden participar en la Bolsa pública para pujar por permisos adicionales para contaminar.

Las empresas reciben beneficios al vender permisos que ya no necesitan. Cada año los requisitos serán más estrictos y se reducirá el número de permisos, haciendo que su cotización suba aún más. Por tanto, mientras suben los precios de los permisos, deberían bajar los niveles de contaminación. Se pretende que para fin de siglo la contaminación se haya reducido en diez millones de toneladas. Es de pensar que si este sistema funciona para las contaminaciones por azufre, también cotizarán en Bolsa otros tipos de contaminación.

Finalmente, deben mencionarse las medidas **compensatorias**, cuyo objetivo es, en caso de que el daño ambiental resulte inevitable e irreparable, otorgar algún beneficio alternativo a los ciudadanos afectados, en forma de servicios, equipamientos, infraestructuras, subvenciones para nuevas actividades económicas, entre otras.

En síntesis, no existe medida que por sí misma pueda alcanzar la mejora ambiental, porque una buena estrategia requiere combinación armónica de diferentes medidas.

Tampoco puede hablarse de formas correctas o incorrectas, pero sí es posible diseñar grupos de medidas adaptadas a las situaciones ambientales concretas de cada región o país.

Resulta necesario contar con un conjunto equilibrado de medidas legales y económicas, que incentiven una gestión preventiva de los recursos naturales.

6. RIESGOS AMBIENTALES

"*Debemos comenzar determinando la capacidad de cada territorio, aceptando que la biosfera no reconoce fronteras establecidas por los hombres.*"
Nikolai Vorontsov

6.1. DEFINICIONES

Tanto los riesgos naturales como los riesgos tecnológicos, forman parte de las características de la actual sociedad y se extienden por todo el planeta.

No es posible hacer una separación total entre los fenómenos naturales con consecuencias catastróficas o desastrosas, y los desajustes que se producen en las distintas actividades humanas respecto al entorno. Puede decirse que no pasa día en el cual deje de haber noticia acerca de algún riesgo, natural o tecnológico, que haya causado una cadena de desastres o catástrofes.

Las amenazas naturales son, ciertamente, múltiples y variadas. Inundaciones, sequías, terremotos, erupciones volcánicas, ciclones, huracanes, deslizamientos de tierra, avalanchas de nieve... No obstante, a través de la implementación de medidas preventivas adecuadas a cada zona expuesta a sufrir consecuencias catastróficas o desastrosas provenientes de fenómenos naturales, es posible disminuir o, en su caso, evitar efectos lamentables no sólo sobre la población, sino también sobre los diferentes ecosistemas, permitiendo esa pretendida mayor y mejor seguridad para todas las criaturas del planeta.

La vulnerabilidad a la que se encuentra expuesta la sociedad actual se debe, especialmente, a la expansión urbanística descontrolada e irreflexiva, y a la degradación de los recursos naturales. Sumado a ello, está la falta de adecuado conocimiento de los diversos ambientes en los cuales se desarrollan las actividades humanas. Esto da lugar a que cada año tanto países desarrollados como en desarrollo, sufran los efectos catastróficos provenientes de fenómenos naturales de diverso tipo y escala.

Cabe hacer referencia al significado de algunos conceptos o vocablos:

- **Desastre**: Se entiende por desastre, aquella desgracia grande, aquel suceso infeliz y lamentable. Puede hablarse, según el origen, de desastres naturales espontáneos, inducidos, provocados o accidentales. Por ejemplo, en el caso de incendios e inundaciones, serían espontáneos a causa de rayos o por el ciclo natural de los ríos; inducidos, por falta de limpieza del sotobosque o desplazamientos de tierras; provocados, debido a la acción de pirómanos o apertura de compuertas en presas; accidentales, derivados de chispas procedentes de coches o rotura de presa.

- **Catástrofe**: Por catástrofe se entiende el suceso infausto que altera gravemente el orden regular de las cosas.

- **Daño**: Es cualquier detrimento o destrucción de bienes. Todo menos-cabo material o moral que sufren las cosas y/o las personas.

- **Caso fortuito o fuerza mayor**: Es el que no ha podido preverse, o que previsto, no ha sido posible evitar. Es el caso de los huracanes, por ejemplo, si bien pueden preverse con adelantados informes meteorológicos, son inevitables. No son imprevistos pero sí inevitables. En estos casos pueden reglamentarse las medidas preventivas o minimizar las consecuencias, pero éstas no se pueden evitar. En el caso de un incendio, salvo los naturales (rayos), sí se pueden prever y adoptar las medidas adecuadas y, a la vez, determinar la causa-origen de tal.

- **Peligrosidad**: El vocablo peligrosidad alude a las contingencias o los riesgos inminentes de que suceda algún tipo de mal. Igualmente, es la presencia de un obstáculo, paso, ocasión o paraje que aumenta la inminencia de un daño.

- **Riesgo**: Es la contingencia o proximidad de cualquier tipo de detrimento o destrucción de bienes. Es decir es la contingencia o proximidad de un daño o el peligro de que se produzca. De forma habitual, para su estimación o evaluación, se asume que es igual a la importancia del daño por la probabilidad de ocurrencia.

También se alude a riesgo si hay "incertidumbre acerca de la producción de un evento dañoso cuyas consecuencias posibles tratan de excluirse por medio de un contrato de seguro. [...] El evento dañoso temido se sitúa en el futuro, y la incertidumbre se refiere a si se producirá o no y cuándo o solamente a cuándo se producirá. Sin embargo, en algunos casos está justificado que la incertidumbre opere en un plano subjetivo con independencia de la referencia temporal de la producción del evento dañoso, aceptando que existe riesgo respecto de un hecho pasado que se desconoce efectivamente. Por esta razón, pese a declararse la regla general del carácter futuro del evento tenido como presupuesto de validez del contrato de seguro, se prevé igualmente la posible excepción determinada por la ley (Art.4 LCS)" (26)

Además, aún cuando "la producción del siniestro debiera depender del azar, hoy es aceptado admitir que se cubra el riesgo de siniestros, en cuya producción interviene el asegurado con exclusión de su actuación dolosa o de mala fe (Art.19 LCS)" (27)

La incertidumbre tiene la característica de eliminar la certeza e implica, a su vez, posibilidad de suceder. Es el riesgo quien amenaza el interés.

6.2. PREVENCION DE RIESGOS NATURALES

Las medidas de prevención o, en su caso, de reducción de las consecuencias que producen los fenómenos naturales o actividades humanas, pueden ser de diferentes tipos. En todos los casos resulta preceptivo que la prevención se integre en el conjunto de la planificación territorial, y en la toma de decisiones de las diferentes políticas desde el nivel local al internacional.

La orientación de la urbanización hacia zonas menos frágiles desde el punto de vista de la vulnerabilidad de los elementos a los desastres naturales, mediante la aplicación estricta de normas claras y precisas; la ocupación racional de suelos, cuidando la exposición de los elementos a estos fenómenos naturales; el establecimiento y aplicación rigurosa de medidas y normas de construcción, de estabilización de pendientes, de lucha contra la erosión y de regulación de cursos de agua constituyen, a no dudarlo, importantes medidas preventivas en la lucha a favor de la minimización de efectos desastrosos producidos por fenómenos naturales.

Las medidas preventivas de gestión preparatorias al advenimiento inminente de un fenómeno natural de previsibles efectos catastróficos, si bien no pueden evitar los daños cuantitativos y cualitativos sobre los distintos bienes, sí suelen ser eficaces al momento de salvar vidas y minimizar los impactos.

Para ello, es necesario que la gestión de las acciones previas se efectúe con absoluta eficacia y coordinación, mediante elaborados planes de defensa civil, de emergencia, cooperación interinstitucional e intersectorial, preparación de las poblaciones expuestas, identificación de puntos críticos (culturales, sociales, ambientales) y, sobre todo, formación e información clara, integral y precisa a los potenciales afectados.

Las acciones complementarias en materia de riesgos naturales, pueden sintetizarse en las siguientes: a) desarrollo del análisis de riesgos; b) elección de soluciones que atenúen, disminuyan o eliminen los efectos nocivos; c) puesta en marcha de los mecanismos de gestión de riesgos y de su prevención; d) organización y planificación basada en información permanente y adecuada y, especialmente, en la educación de la población expuesta a los mayores riesgos.

Paralelamente, los oportunos sistemas de alerta y vigilancia permiten realizar fiables predicciones en casos de ciertas erupciones volcánicas, deslizamientos de envergadura, ciclones tropicales e inundaciones. Los análisis geoecológicos detallados exponen claramente el entramado de las relaciones físico-biológicas, permitiendo la formulación de modelos de comportamiento más adecuados a la realidad, adaptando y adecuando los diferentes sistemas de producción, manejo y utilización de suelos a las particulares características geoecológicas de cada región.

Así por ejemplo, el seguimiento permanente del volcán Pinatubo (Filipinas), el buen funcionamiento de los sistemas de alerta a la población, y el acertado diagnóstico de la comunidad científica, permitieron la evacuación de ochenta mil personas. Cuando hubieran podido ser decenas de miles las víctimas, afortunadamente fueron tan sólo quinientas. En algunos casos, las predicciones no suelen ser tan fiables, como en los terremotos.

Las medidas preventivas deben ser incorporadas a los programas globales e integrales de planificación urbana y regional, así como también, en planes y políticas de gestión ambiental. Por ejemplo, la Ley francesa de 1982 sobre indemnización en casos de desastres producidos por fenómenos naturales, tiene fundamentalmente un objetivo de justicia social, de solidaridad nacional y de atenuación o minimización de las consecuencias catastróficas provenientes de este tipo de fenómenos.

Concretamente, los medios y medidas para la prevención o reducción de efectos negativos derivados de fenómenos naturales son múltiples y variados. Entre otros pueden citarse: ocupación racional del territorio; orientación de la urbanización hacia zonas menos frágiles y menos expuestas a sufrir consecuencias catastróficas o desastrosas derivadas de fenómenos naturales; modificación de conductas y actividades antrópicas generadoras de riesgos; establecimiento de sistemas adecuados de alarmas y prácticas de simulacros; adaptación de las normas de la construcción, particularmente, disposiciones antisísmicas; acciones de rehabilitación; entrenamiento y capacitación de técnicos.

También son importantes: incorporación de tecnología para la detección de fenómenos naturales potencialmente peligrosos; análisis y evaluación de riesgos potenciales; mapas de localización de áreas particularmente expuestas o más vulnerables; información permanente y adecuada para los organismos de seguridad y para la población civil; programas de planificación preventiva; identificación de los tipos de riesgos.

Es prioritario elaborar planes precisos acerca de la localización de aquellas zonas o áreas más expuestas y, por tanto más vulnerables, a sufrir fenómenos naturales. Las sociedades humanas a imagen de las sociedades de especies animales y vegetales, están sujetas a adaptarse a un medio inestable, que demanda y hasta exige la identificación de riesgos naturales como la medida preventiva por excelencia.

De forma paralela, es requisito precautorio la gestión global en la prevención del conjunto de riesgos naturales, así como reforzar la débil, y muchas veces ausente, cooperación internacional efectiva, a través del desarrollo de programas preventivos y no sólo mediante ayudas específicas una vez que ha sucedido el desastre

Las inundaciones representan anualmente en el mundo el 40% de los desastres o catástrofes debidos a fenómenos naturales. Por ello es requisito indispensable reducir la exposición a los riesgos evitando, por ejemplo, el establecimiento de asentamientos humanos en áreas fácilmente inundables. Las medidas apuntan especialmente a un conocimiento en detalle de las distintas causas que propician un estado de riesgo, a la determinación de áreas inundables en función de las características hidrológicas de los cursos fluviales, limitacion de edificación en zonas particularmente expuestas, y promulgación y aplicación de normas relativas a la construcción.

Otro aspecto importantísimo, y parcialmente cumplido pese a las numerosas recomendaciones, es la necesidad de informar objetivamente a la población. Esta tiene derecho a estar informada y formada, con lo cual se la prepara para que las consecuencias catastróficas se reduzcan o minimicen.

La sensibilización de la población, especialmente de la más expuesta, resulta fundamental. Esta información debe impartirse en todos los niveles, desde las empresas a los colegios, desde el nivel estatal al municipal o local.

En materia de riesgos mayores, se hace imperativo garantizar el aspecto preventivo de forma absoluta. Sobre todo, realizar importantes esfuerzos para la identificación del conjunto de incidencias que favorezcan el acontecimiento catastrófico o desastroso.

Normalmente la experiencia demuestra que las medidas preventivas se adoptan una vez sucedida la tragedia, resultando éstas absolutamente ineficaces. Las medidas preventivas deben tomarse antes que lo demande la situación, las cuales aún en período de alarma, resultarán parcialmente inútiles, salvo si se establecen para el futuro. (28)

Varios países del mundo industrializado han desarrollado medidas preventivas de carácter global, a fin de reducir los efectos dañosos de los fenómenos naturales. Este mismo procedimiento preventivo sería deseable que se adopte en aquellos países más expuestos a sufrir daños de este tipo.

Muchos organismos internacionales acuden inmediatamente de sucedido el desastre o catástrofe natural, para paliar el sufrimiento de las personas e intentar recuperar vidas. Pero, olvidan la importancia de la financiación de programas de planificación preventiva de estos desastres provocados por distintos fenómenos naturales.

Por ejemplo, la región de El Asnam, al norte de Argel, zona de fuerte e intensa actividad agrícola, está expuesta a regulares temblores de tierra. En 1954 un terremoto de magnitud 6,7 destruyó gran parte de la ciudad y acabó con la vida de 1250 personas. Entonces, no se consideró la situación de los suelos, no se conocían los métodos de microdetección sísmica pero, sin embargo, se reconstruyó conforme a normas de construcciones sismoresistentes.

En 1980, con magnitud de 7,3 otro terremoto arrojó el lamentable saldo de 2650 víctimas mortales. Consecuencia directa fue en este segundo caso, el incumplimiento de las normas de construcción parasísmica, las cuales al par de no ser respetadas, no se redactaron conforme las necesidades del comportamiento y la dinámica de los suelos.

Con posterioridad al segundo desastre, las autoridades encargadas de gestionar estos temas optaron, tardíamente, por realizar estudios detallados del terreno y posibilidades de emplazamiento más adecuado de las viviendas. Se promulgaron normas específicas sobre construcción y se desarrollaron planes de ocupación del suelo.

Quedó demostrada la importancia de los avances técnicos y científicos, la fiabilidad de las normas de construcción antisísmica y normas relativas a la ocupación de suelos, el papel determinante de las autoridades y órganos decisores en materia de prevención, y la importancia de la planificación preventiva, en estrecha colaboración con los científicos más directamente vinculados a estos problemas.

Sin embargo, las fuerzas de la Naturaleza no tienen límites. La ciudad de Kobe, apacible remanso en una nación propensa a los seísmos, situada en la bahía de Osaka (Japón), logró escapar del desastre durante cuatro siglos. Pero una mañana de enero de 1995, en 20 segundos, la hermosa metrópoli quedó convertida en un paisaje de ruina y muerte. Inmediatamente surgió la pregunta: si los japoneses tenían una conciencia tan clara del peligro y sus normas de construcción eran tan estrictas, ¿por qué se registraron daños catastróficos? Al respecto reflexionó el Director de la Comisión de Investigación de Daños Sísmicos: "La capacidad humana tiene un límite; la Naturaleza, no".

6.3. EVALUACION DEL RIESGO AMBIENTAL

Riesgo es una expresión de posibilidad, que combina la frecuencia y la severidad del daño derivado de los peligros. La incertidumbre, está causada por las naturales variaciones y por la falta de conocimiento o entendimiento suficiente respecto de las relaciones causa-efecto, en una situación presente o futura. Evaluación es una estimación, apreciación o cálculo en orden al acto de toma de decisión.

Normalmente el riesgo se encuentra presente en todas las relaciones ambientales, aunque no siempre de forma manifiesta y evidente. La mayoría de las evaluaciones del impacto ambiental (EIA) incorporan valores simples para medir situaciones complejas. La selección que este proceso implica suele ser conservadora y optimista, y de forma usual, internamente consistente. Cuando las incertidumbres son muchas e importantes en el análisis del problema, por ejemplo posibilidad de emisión accidental de una sustancia tóxica, la evaluación no es completamente informativa y debe modelizar los resultados.

La evaluación de riesgos ambientales (Environmental Risk Assessment) o ERA, hace práctico el análisis del problema siguiendo las reglas de la teoría de la probabilidad, con exposición de todos los posibles valores de cada parámetro. La ERA es también conocida como evaluación de la probabilidad de riesgo (Probability Risk Assessmet) o como evaluación de la probabilidad cualitativa del riesgo (Probability Qualitative Risk Assessment).

La EIA y la ERA de forma conjunta, aconsejan a gestores y decisores respecto a la "frecuencia" y a la "severidad" de las consecuencias adversas sobre el ambiente, derivadas de las actividades o intervenciones planificadas. Si los decisores no están de acuerdo o convencidos con estas predicciones, pueden realizar cambios para mitigar o eliminar el impacto y/o reducir el riesgo. Por ejemplo, utilizar un sitio diferente o una tecnología alternativa, a fin de implementar la gestión del riesgo o la capacidad de respuesta ante emergencias.

Por ello el análisis o evaluación del riesgo ambiental es visto como la llave que facilita una más racional y efectiva gestión del ambiente. Una estrategia basada en el riesgo puede indicar cuáles son las acciones más convenientes para la reducción del riesgo ambiental por unidad, y cuáles son las incertidumbres más importantes para la realización de estudios científicos adicionales.

La ERA constituye una información objetiva de recomendación que puede mejorar el proceso participativo político, para que valores y preferencias sean adecuadamente integrados en el programa administrativo de protección de la vida en general y de los diferentes ecosistemas en particular.

El objetivo principal de esta técnica son aquellos eventos infrecuentes pero catastróficos, especialmente accidentes industriales severos, tales como explosiones en fábricas, derrames de grandes petroleros, derrames de productos químicos de camiones cisterna, incendios de productos petrolíferos, que han generado una demanda pública global de prevención y una profunda consideración a las víctimas y daños en los ambientes naturales.

La evaluación del riesgo ambiental está básicamente definida por cuatro cuestiones:

1) ¿Qué puede producir una "consecuencia adversa"?

2) ¿Cuál es la probabilidad de la "frecuencia" de "ocurrencia" de esas consecuencias adversas?

3) ¿Cuál es el rango y distribución de la severidad de las consecuencias adversas?

4) ¿Cómo se puede y a qué costo gestionar y reducir los riesgos inaceptables y el peligro?

La EIA puede responder a la primera cuestión y dar una expresión cualitativa de la magnitud de los impactos. Por lo tanto, la mayor consideración adicional de la ERA se refiere a la frecuencia de los eventos adversos.

La Directiva del Consejo 82/501/CEE, de 24 de junio, y sus modificaciones, relativa a los riesgos de accidentes graves en determinadas actividades industriales, recuerda que la mejor política consiste en evitar, desde el origen, la generación de contaminación y de otros daños.

Este aspecto se vincula con el Principio de tratamiento de causas y de síntomas. Por tanto, es conveniente concebir y orientar el progreso técnico teniendo en cuenta la importancia de la necesidad de proteger el ambiente. Igualmente, la mejor política consiste en impedir y evitar, desde el origen, los posibles accidentes mediante la plena integración de la seguridad en las distintas fases de concepción, producción y explotación.

Determinadas actividades industriales pueden dar lugar a accidentes graves, con serias consecuencias para la población y el ambiente. Por ello, es preciso que en todas las actividades industriales en las que intervengan sustancias tóxicas y/o peligrosas, y puedan tener graves consecuencias sobre la salud y seguridad general, los responsables adopten todas las medidas necesarias para prevenir accidentes y limitar sus consecuencias.

El artículo 12 de la Directiva 82/501/CEE determina, "La Comisión establecerá y mantendrá a disposición de los Estados miembros un fichero que contenga la relación de los accidentes graves que se hayan producido en el territorio de los Estados miembros, el análisis de las causas que lo hayan provocado, las experiencias adquiridas y las medidas adoptadas, con objeto de que los Estados miembros puedan utilizar dichas informaciones con fines preventivos." En este artículo se destaca la importancia del Principio de prevención en el sector de riesgos ambientales.

En el Capítulo 6 del Quinto Programa Comunitario de política y actuación en materia de ambiente y desarrollo sostenible (1993-2000), donde se consideran cuestiones sobre gestión de riesgos y accidentes, se destaca "la necesidad de perfeccionar la reacción a las emergencias ante los riesgos crecientes que plantean las grandes concentraciones industriales y la producción, el almacenamiento y el transporte de sustancias y residuos tóxicos o peligrosos."

Por otro lado, y en el mismo sector de gestión de riesgos y accidentes, la Comunidad "adoptó un planteamiento preventivo manifiesto al promulgar una legislación que establecía una serie común de normas sobre evaluación del riesgo ecológico y medidas de seguridad, con objeto de proteger la salud de los ciudadanos y el ambiente y establecer un mercado único para la biotecnología."

La Ley española 26/1984, general para la defensa de los consumidores y usuarios, en varios artículos hace referencia al riesgo; así por ejemplo, en el artículo 2, "1. Son derechos básicos de los consumidores y usuarios: a) La protección contra los riesgos que puedan afectar su salud o seguridad."

Y en el artículo 3, "1. Los productos, actividades y servicios puestos en el mercado a disposición de los consumidores o usuarios, no implicarán riesgos para su salud o seguridad, salvo los usual o reglamentariamente admitidos en condiciones normales y previsibles de utilización. 2. Con carácter general, los riesgos susceptibles de provenir de una utilización previsible de los bienes y servicios, habida cuenta de su naturaleza y de las personas a las que van destinados, deben ser puestos en conocimiento previo de los consumidores o usuarios por los medios apropiados,..."

También en la normativa española la Ley 31/1995, sobre prevención de riesgos laborales, protege el ambiente de forma indirecta e implícita al regular la política en materia de prevención de riesgos para proteger la seguridad y la salud en el trabajo. Es en el artículo 6.1.d) donde se alude a la evaluación de riesgos y guías de actuación preventiva, "Procedimientos de evaluación de los riesgos para la salud de los trabajadores, normalización de metodologías y guías de actuación preventiva."

Es decir, en tanto se pongan en práctica estrategias para contar con condiciones de trabajo que eleven el nivel de protección de la seguridad y la salud de los trabajadores en el trabajo, necesariamente se deberán arbitrar las diligencias oportunas para cuidar el entorno laboral. No sólo por razones de orden antrópico, sino por respeto al soporte físico donde se desarrollan las actividades.

Esta misma Ley concede especial importancia a la información, aspecto éste tan delicado en la cuestión jurídico ambiental. Así pues, el artículo 10.b) establece que corresponde a las Administraciones públicas competentes en materia sanitaria, "La implantación de sistemas de información adecuados que permitan la elaboración, junto con las autoridades laborales competentes, de mapas de riesgos laborales, así como la realización de estudios epidemiológicos para la identificación y prevención de las patologías que puedan afectar a la salud de los trabajadores, así como hacer posible un rápido intercambio de información."

Los riesgos laborales, en ocasiones, son consecuencia de la falta o errónea gestión ambiental empresarial industrial, y de la escasa o nula protección del medio. Por ello, mientras se mantengan condiciones de óptima calidad del ambiente, la seguridad y salud de los trabajadores se apoyará en bases ciertas de dignidad y bienestar. Los principios de acción preventiva que establece esta Ley se traducen en evitar los riesgos, evaluar aquellos que no se puedan evitar, combatir los riesgos en su origen (Principio de tratamiento de causas y de síntomas), y adaptar el trabajo a la persona.

Es muy importante el contenido del artículo 15 que regula los principios de acción preventiva, particularmente el apartado g), "Planificar la prevención, buscando un conjunto coherente que integre en ella la técnica, la organización del trabajo, las condiciones de trabajo, las relaciones sociales y las influencias de los factores ambientales en el trabajo."

La evaluación de los riesgos en general, y ambientales en particular, es aspecto de atención preferente en las actividades humanas. En este sentido, "La acción preventiva en la empresa se planificará por el empresario a partir de una evaluación inicial de los riesgos para la seguridad y la salud de los trabajadores que se analizará, con carácter general, teniendo en cuenta la naturaleza de la actividad, y en relación a aquellos que estén expuestos a riesgos especiales. Igual evaluación deberá hacerse con ocasión de la elección de los equipos de trabajo, de las sustancias o preparados químicos y del acondicionamiento de los lugares de trabajo. La evaluación inicial tendrá en cuenta aquellas otras actuaciones que deban desarrollarse de conformidad con lo dispuesto en la normativa sobre protección de riesgos específicos y actividades de especial peligrosidad." (Ley 31/1995, Art.16).

6.4. SEGURO AMBIENTAL

Los seguros son instrumentos de control del riesgo de pérdidas económicas, y representan un importante mecanismo de indemnización en aquellos casos de daños por accidentes, cuando los costes de reparación se encuentran cubiertos por una póliza de seguros.

Pero, muchas compañías aseguradoras rechazan cubrir ciertas actividades, de las cuales desconocen tanto las probabilidades de ocurrencia como el tipo de daño que puedan ocasionar. Por ello, las primas en materia de seguros de responsabilidad ambiental suelen aumentar sustancialmente debido al grado superior de incertidumbre que existe.

Es difícil, por ejemplo, que las compañías aseguradoras de este tipo de daños, el ambiental, cubran los daños derivados de ciertas contaminaciones, especialmente las que ocurren a gran escala. En cuanto a la contaminación gradual y a la repentina, países tales como Italia, Países Bajos y Francia, han intervenido creando reservas de seguros que cubran ambos tipos de contaminación. Y, por regla general, en los Estados miembros de la Unión Europea, los sistemas de responsabilidad civil por daños al ambiente se basan en la responsabilidad por culpa. Igualmente, las legislaciones nacionales remiten a los principios jurídicos generales, sin incluir aspectos relativos a la carga de la prueba y al nexo causal.

En 1971 se creó el Fondo internacional de indemnización a los daños causados por la contaminación por hidrocarburos, y es éste el más importante de los que ha creado la industria del petróleo para financiar medidas de saneamiento e indemnizar a los perjudicados.

Un Fondo similar se creó en 1972 en los Países Bajos, que se aplica en aquellos casos en los cuales no es posible identificar al autor de la contaminación, y cuya finalidad se encuentra en la indemnización por daños causados por contaminación atmosférica.

Igualmente, este Fondo interviene para indemnizar a la víctima de la contaminación si el pago se retrasa como consecuencia de la identificación del responsable. La víctima que ha sido indemnizada por medio de este sistema, deberá ceder al Fondo su derecho de demanda al responsable.

El Libro Verde sobre reparación del daño ecológico (1993), señala que "se está tendiendo progresivamente a obligar a determinados tipos de industrias y actividades, que plantean riesgos especiales, a asegurar su responsabilidad por causa de contaminación por medio de algún tipo de mecanismo financiero." En este sentido, la Ley alemana sobre responsabilidad civil por daños al ambiente (1990) obliga a ciertos tipos de instalaciones industriales a asegurar económicamente su posible responsabilidad.

Una interesante cuestión que plantea el citado Libro Verde, es la relacionada con el poder de autorización de las compañías de seguros, puesto que si éstos fueran obligatorios, "...las compañías de seguros tendrían, en realidad, poder para autorizar o no la actividad de la industria, mediante la concesión o denegación de un seguro a una empresa según presentara un riesgo 'conveniente' o un riesgo 'inconveniente'.

Algunas compañías están ya procediendo a evaluar la calidad de la gestión del riesgo y de las medidas de prevención de pérdidas de una empresa dada, como paso previo a la concesión de una cobertura de responsabilidad en materia de ambiente. Desde el punto de vista de la protección del medio, la evaluación de los riesgos por parte del sector de los seguros es un aspecto positivo, puesto que reduce el riesgo de daños al ambiente y de pérdidas económicas para la compañía de seguros. Sin embargo, persiste el problema de las empresas que, por presentar un riesgo 'inconveniente', no pueden obtener la cobertura de un seguro."

También hay compañías de seguros del mercado estadounidense, que han replanteado su actitud con respecto a la cobertura de los riesgos ambientales. En muchos casos, no se cubre la contaminación, porque ciertas compañías consideran a determinadas actividades como no susceptibles de ser aseguradas.

El Estado puede llegar a convertirse en importante colaborador, coordinando y estructurando acciones que tiendan a dar la solución más adecuada en caso de conflicto. Incluso, la intervención del Estado puede llegar a ser necesaria, para aquellos casos en los cuales las compañías aseguradoras, de carácter privado, no garantizan ni proporcionan la cobertura adecuada a ciertos riesgos.

El mismo Libro Verde indica que, "Se podría exigir a las entidades explotadoras que suscribieran un seguro, pero muchos industriales se oponen a que los seguros sean obligatorios, porque temen verse atrapados en el pago de primas muy elevadas a las compañías de seguros. Las empresas más importantes están ya abandonando el mercado de los seguros, pues les resulta más rentable autoasegurarse. El aseguramiento de los riesgos plantea problemas especiales a las pequeñas y medianas empresas, pues esta evolución lleva al encarecimiento de las primas para las PYME, a pesar que son precisamente estas empresas las más necesitadas de este tipo de seguros."

La mencionada Ley alemana establece una presunción de causalidad en determinadas condiciones, al declarar que si una instalación ha podido provocar el daño ambiental, se supone que lo ha causado efectivamente. Por ello, los propietarios de instalaciones que sean susceptibles de causar importantes daños ambientales tienen la obligación de asegurar su responsabilidad o, en caso de litigio, disponer de suficientes garantías económicas.

En materia de responsabilidad civil e indemnización por daños al ambiente existe una serie de importantes documentos, por ejemplo, Convenio de París (1960) sobre responsabilidad civil en el campo de la energía nuclear, Convenio de Bruselas (1963) por el que se establece un sistema complementario de indemnización por los daños causados por incidentes nucleares, Convenio de Viena (1963) sobre responsabilidad civil por daños nucleares, Convenio internacional de Bruselas (1969) sobre responsabilidad civil por daños causados por la contaminación de las aguas del mar por hidrocarburos, Convenio de Bruselas (1971) sobre constitución de un fondo internacional de indemnización de daños causados por la contaminación de hidrocarburos, Convenio de Londres (1977) sobre responsabilidad civil por los daños de contaminación por hidrocarburos resultantes de la exploración y explotación de los recursos minerales de los fondos marinos, Convenio de Bruselas (1971) relativo a la responsabilidad civil en la esfera del transporte marítimo de materiales nucleares, Convenio de Ginebra (1989) sobre responsabilidad civil por daños causados durante el transporte de mercancías peligrosas por carretera, ferrocarril y buques de navegación interior.

El Convenio de Bruselas (1969) con relación al aseguramiento, establece que el propietario de un buque registrado en un Estado signatario y que transporte más de dos mil toneladas de hidrocarburos a granel, debe tener suscrita una póliza de seguros o disponer de otro tipo de garantía económica, ya sea bancaria o un certificado expedido por un fondo de indemnización internacional, por una cantidad establecida en función de los límites de responsabilidad fijados para cubrir su responsabilidad por los daños causados por la contaminación con arreglo al Convenio.

En cuanto a la limitación de la responsabilidad, este Convenio establece que los propietarios de buques pueden limitar su responsabilidad a una cantidad global de dos mil francos por cada tonelada, sin que el total pueda superar en caso alguno los 210 millones de francos. Regula, además, un sistema obligatorio de aseguramiento financiero contra riesgos especiales de la actividad, sin limitar específicamente la responsabilidad. Cabe señalar que varios países tienen establecido un sistema de indemnización conjunta, para poder hacer frente a la reparación de daños al ambiente.

7. RESPONSABILIDAD AMBIENTAL

"*Sencillamente, tenemos que dejar de considerar que la Tierra está a salvo. Después de todo, es el único hogar que se nos ha dado. Ya es tarde y se hace más urgente la necesidad de que todos los que vivimos juntos en este planeta trabajemos juntos seriamente para reparar los daños que hemos hecho y para profundizar en nuestra comprensión de los errores cometidos y de sus motivos.*"
Richard Branson

7.1. RESPONSABILIDAD CIVIL

El incumplimiento de las normas ambientales lleva aparejada la imposición de sanciones civiles, penales o administrativas. Las sanciones administrativas pueden consistir en multas, suspensión de actividades y, en extremo, la clausura definitiva de las instalaciones.

En cuanto a las sanciones penales, sean pecuniarias o de privación de la libertad, pueden apoyarse directamente en los preceptos de los códigos punitivos, que sancionan conductas contrarias a la salud o a la tranquilidad pública, o que reprimen la desobediencia a los mandatos de la Administración o de los propios Tribunales.

Se responde civilmente cuando se reparan, restituyen o indemnizan daños y/o perjuicios en virtud de una obligación que puede nacer "...de la Ley, de los contratos y cuasi contratos y de los actos y omisiones ilícitas o en que intervenga cualquier género de culpa o negligencia." (Art. 1089 Código civil español).

En el ámbito ambiental puede proceder la responsabilidad civil de los delitos o faltas, como por ejemplo lo dispone el Art. 116.1. del Código penal español (1995), "Toda persona responsable criminalmente de un delito o falta lo es también civilmente si del hecho se derivaran daños o perjuicios." Es decir que todos los ilícitos penales, en tanto generen algún daño y/o perjuicio, dan lugar a exigir también del culpable la restitución, reparación del daño causado y la indemnización de los perjuicios.

También se genera responsabilidad civil por culpa o negligencia, no constitutiva de delito o falta, como por ejemplo lo establece el

Art.1902 y siguientes del Código civil español, y especialmente el Art.1908 relacionado con el Art. 590, que hacen referencia a servidumbres legales vinculadas con la vecindad. Este tipo de responsabilidad civil (por culpa o negligencia) se menciona también en diferentes disposiciones directamente vinculadas a la regulación del ambiente.

En algunas ocasiones también el Estado u otras entidades públicas pueden constituirse en responsables civiles, tanto principales como subsidiarios, asumiendo incluso en algunos casos el papel de reaseguradores o contravalistas, de daños y perjuicios acaecidos en el ambiente. Por ejemplo en la legislación española, los artículos 139 y 144 de la Ley de Régimen Jurídico de las Administraciones Públicas y del Procedimiento Administrativo Común, y el artículo 54 de la Ley 7/1985 Reguladora de las Bases del Régimen Local.

La conveniencia de estatuir un sistema que tenga por finalidad lograr la reparación del daño ambiental, puede basarse en tres criterios fundamentales:

1) Que la víctima del daño sea indemnizada de manera integral, y sin necesidad de que sean satisfechos los requisitos del régimen de la responsabilidad subjetiva.

2) Que no sea sólo el responsable del daño el que soporte los costos de la reparación. Este costo, en cierta medida, debe ser asumido por el Estado y la sociedad, mediante una distribución proporcional de los gastos que implica la aplicación de programas de descontaminación o mejoramiento ambiental.

3) Que lo dicho anteriormente se inscriba en una política jurídica global relativa a la conservación, defensa y mejoramiento del ambiente, cuyo propósito sea la implantación de mecanismos preventivos tendentes a evitar el daño, tales como la fijación de niveles máximos de tolerancia para permitir los vertidos de sustancias líquidas, sólidas o gaseosas sobre las aguas y en la atmósfera, en función de la capacidad de dilución del cuerpo receptor, la prohibición de tecnologías contaminantes, la obligación de realizar estudios de impacto ambiental antes de iniciar determinadas actividades, entre otras medidas.

La búsqueda de un régimen adecuado para institucionalizar la reparación civil del daño ambiental, no se limita a los casos en los cuales la relación litigiosa se presenta entre particulares, puesto que el Estado, en tanto titular de determinados bienes (dominio público, dominio privado), puede resultar lesionado en sus derechos e intereses por obra de actos que constituyen daños de naturaleza ambiental.

La responsabilidad civil tiene su importancia en lo relativo al ambiente, ya que ofrece unos cauces para que se pueda lograr la reparación de los daños, bien tratando que las cosas y bienes dañados vuelvan a su estado anterior ("reductio in pristinum"), bien a través de una indemnización por daños y perjuicios.

Pero hay que señalar que la responsabilidad es una vía de carácter limitado, porque logra unos resultados a posteriori, que en ocasiones pueden no ser suficientes.

Esta responsabilidad, dentro del marco del ordenamiento civil, constituye un instrumento idóneo para combatir -o al menos restringir- las violaciones al ordenamiento jurídico ambiental. Su vinculación al ambiente deviene desde el momento que las personas cometen actos ilícitos en materia de Derecho ambiental y, por tanto, tienen que responder civilmente de lo que hayan hecho, reparando el daño causado, o mediante la reposición a la situación anterior o, eventualmente y ante la imposibilidad de llegar a una solución, mediante la indemnización sustitutoria.

Hay que tener presente que la obligación de resarcir el daño, siempre que se comete un atentado contra el ambiente, origina unos costos tan elevados, que traen como consecuencia que en algunos casos no puedan ser resarcidos únicamente por el o los responsables, razón por la cual se debería buscar una solución, que bien podría ser a través de seguros o bien siendo responsable subsidiario el Estado, con lo que se llega a objetivar la responsabilidad.

El Libro Verde sobre reparación del daño ecológico (1993), señala que el "fin tradicional de la responsabilidad civil es indemnizar al perjudicado obligando al responsable del daño a pagar los costes de cualquier pérdida resultado de ese daño. La pérdida suele calcularse en función de la depreciación económica del bien agredido o del coste real de la reparación del daño. El daño al ambiente, al no tener un valor mercantil, no puede indemnizarse directamente como pérdida económica. No obstante, puede tener gran valor desde otro punto de vista, por ejemplo, la extinción de una especie o la pérdida de un paisaje pintoresco."

Relacionar la responsabilidad civil al campo del ambiente, supone anteponerse a un espectro jurídico donde se presentan graves obstáculos. Esto resulta así puesto que no es fácil determinar en cada caso concreto quién es el sujeto responsable, dado que es difícil señalar el nexo causal entre la conducta perturbadora del entorno y el daño producido.

Si bien hay casos en los cuales esto se resuelve de forma satisfactoria, son los menos, y se trata de aquellos supuestos en los que hay indicios acerca de la existencia de una responsabilidad por culpa o negligencia, pudiéndose determinar el sujeto o sujetos culpables y, consecuentemente, quien debe indemnizar por el daño y/o perjuicio acaecido.

Pero esto no ocurre frecuentemente, puesto que en muchas ocasiones no existe esta clase de responsabilidad, sino que la misma es por riesgo, y los mayores problemas se presentan en aquellos casos en los cuales es equívoco el nexo entre responsable y perjudicado.

También hay que señalar que de un sistema de responsabilidad por culpa se ha evolucionado a un sistema de responsabilidad por riesgo, en el cual prima el criterio objetivo, y no el elemento subjetivo, como en el caso de la responsabilidad por culpa. Esto ha repercutido considerablemente en el Derecho ambiental, puesto que en muchas ocasiones no cabe señalar un culpable ni el precepto legal infringido. No se va en contra de norma alguna, pero ciertamente se perjudica a terceras personas y bienes, que deben ser indemnizadas y reparados, para cuya garantía suele exigir la ley el establecimiento de seguros o avales.

Reparar el daño causado, consiste en reintegrar al estado anterior el bien que se haya lesionado. Esto conduce a numerosas dificultades en la práctica, pues muchas veces no es posible conseguirlo, originándose la reparación del daño con una indemnización en dinero que no resuelve el problema ambiental, porque el riesgo tiene carácter continuo y no esporádico.

Piénsese en un sujeto que vierta residuos en un río cuyas aguas se aprovechan para regadío de huertas. Al estar el agua contaminada, se estropean los frutos agrícolas, dando lugar al paso de una serie de daños a los propietarios de fincas, a los cuales, no siempre la indemnización pecuniaria los compensará, ni cubrirá los daños producidos, o que a mediano o largo plazo se produzcan.

La responsabilidad civil que tiene lugar en los atentados contra el ambiente, es de ordinario una responsabilidad extracontractual, en tanto que no se basa en una relación contractual entre el responsable y el perjudicado. Puede existir algún caso concreto, en que se dé además una relación contractual. Es aquel supuesto en el que se ha producido un accidente en un buque petrolero, causando daños económicos importantes en la persona o personas que habían celebrado el contrato. (29)

Media una responsabilidad contractual por la cual se debe indemnizar a la parte destinataria del petróleo y, al mismo tiempo, hay terceras personas interesadas, que son todos aquellos individuos que han sido dañados como consecuencia del accidente petrolero y de la marea negra, con quienes no mediaba relación contractual.

Cuando el origen de la alteración obedece a actividades de particulares, resulta sensiblemente problemático determinar quién es el responsable, por la dificultad de individualizar al culpable.

No se podría reclamar, por ejemplo, en el caso de contaminación atmosférica por dióxido de carbono, al usuario de un automóvil en particular, con la excepción de aquellos supuestos en que la persona se encuentre al margen de las disposiciones relativas a la materia que se trate.

Otro problema ambiental es el de la perturbación por ruido que se planteaba en un principio únicamente a nivel de relaciones de vecindad, regulándose toda la problemática que desencadenaba a través de los mandamientos del Derecho privado. Tradicionalmente, la lucha contra el ruido se ha efectuado desde la óptica de la tranquilidad vecinal, y los ordenamientos han asignado a las autoridades la protección de la convivencia ciudadana frente a conductas individuales notoriamente ruidosas y que, por tanto, originaban molestias de cierta magnitud al vecindario.

Ahora bien, la responsabilidad civil derivada del ruido plantea un problema fundamental que radica en saber si la inquietud, molestia o perturbación, producida por el ruido, es de suficiente entidad que le permite merecer protección legal.

El control de ruidos urbanos no originados por actividades industriales se cumplimenta, en la mayoría de los ordenamientos, a través de diferentes disposiciones administrativas o penales, recogiendo estas últimas previsiones sobre la represión de conductas que por su carácter ruidoso y molesto, se estiman alteradoras del orden público.

La invasión y agresión perjudicial que el ruido produce, afecta directamente a las personas y, obviamente, a los demás seres vivos y a los bienes en general. La gran importancia que ha adquirido la problemática del ruido en los últimos años, hace que éste no sólo sea tratado por el Derecho privado, sino también por el Derecho penal, administrativo, normas policiales, es decir, es también controlado por el Derecho público.

En los daños ocasionados por el ruido, el conflicto se plantea entre los intereses del perturbador y el molestado o perjudicado. Evidentemente, todo ser humano tiene derecho a que su salud no se vea perjudicada por la emisión excesiva de sonidos; tiene derecho a defender la tranquilidad tanto en las horas laborales, como en las de descanso y ocio o esparcimiento. Pero, en forma paralela, puede también haber intereses jurídicamente dignos de protección en el desarrollo de ciertas actividades, de las cuales se pueden derivar acciones contra el perturbado para que tolere las legítimas turbaciones o molestias.

Podría también darse el supuesto, en el que el agente productor de ruidos -que en sí no llevan utilidad alguna- los haga con el solo propósito de molestar o alterar la tranquilidad de otras personas. Se configuraría el abuso de derecho, presentándose sumamente dificultoso resolver la cuestión, puesto que el mayor obstáculo es el de probar el ánimo del agente autor de la irritación.

Como consecuencia de la producción de ruidos en un nivel excesivo pueden imponerse compensaciones económicas, pero además, las legislaciones contemplan una serie de medidas a fin de evitar que tales ruidos generados en el exterior, perturben a terceros pasivos. Tales precauciones pueden concretarse en la insonorización de viviendas y locales, aislantes acústicos o determinadas técnicas constructivas, que eviten o disminuyan las molestias por ruidos y vibraciones.

En el caso de la energía nuclear, la responsabilidad civil se extiende a los daños en las personas, demás seres vivos y a los bienes afectados, sea que los efectos dañosos se produzcan en forma inmediata o diferida, sea que provengan del accidente de instalaciones nucleares o del desarrollo de actividades en las cuales se empleen materiales radiactivos, o de dispositivos que puedan producir radiaciones ionizantes.

Igualmente, tal responsabilidad se extiende a la situación de riesgo en un país y que prolonga sus efectos a otros (en tiempo y en espacio), o bien que tienen lugar en aguas o espacios no sometidos a jurisdicción nacional.

Las grandes indemnizaciones que hay que entregar como consecuencia de los accidentes derivados de la explotación de la energía nuclear, constituye uno de los mayores y más complicados problemas, puesto que las sumas son tan cuantiosas, que no resulta suficiente con imponer un seguro de responsabilidad civil a quienes tienen que indemnizar, ya que nunca alcanzarían a cubrirse los enormes riesgos que ésto supone o alcanzarían cifras tan colosales que, desde el punto de vista económico, no son soportables.

En razón del volumen de las indemnizaciones y de la imposibilidad de ser soportadas éstas por quienes tienen la obligación primaria de indemnizar, algunas legislaciones han previsto un deber subsidiario del Estado conforme el cual interviene éste como asegurador complementario. (30)

Pero, siempre hay què tener en cuenta que, en todo caso, los daños deberán producirse dentro del período de vigencia de la póliza. (31)

La responsabilidad de los equipos redactores de estudios de impacto ambiental se ha incorporado, por ejemplo, en la Ley 8/1994 de evaluación del impacto ambiental y auditorías ambientales de la Comunidad Autónoma de Castilla y León, "1. Los equipos y empresas redactoras de los Estudios de Impacto Ambientales son responsables del contenido y fiabilidad de los datos del mismo, excepto de los parámetros relativos al proyecto, de la información recibida del promotor de la actuación y de la recibida de la Administración de manera fehaciente. El promotor de la actividad evaluada es responsable subsidiario del redactor del Estudio de Impacto Ambiental y del autor del proyecto sobre la información incluida en los Estudios de Impacto Ambiental."

7.2. RESPONSABILIDAD ADMINISTRATIVA

El principio de autotutela se convierte en eje principal para la comprensión de la actuación administrativa y, por tanto, únicamente la Administración debería poder aplicar sanciones a todas aquellas personas que hayan trabado con ella una relación con tales características, que exceda de la mera contemplación en el ámbito general.

Sin embargo, en forma paralela a la potestad sancionadora de la Administración, que se ejerce en el ámbito interno y sólo vinculada a los sujetos que con ella entran en relación particular, se encuentra la capacidad sancionadora de ciertos entes administrativos, dirigida al mantenimiento del orden social en general. Intimamente relacionada con la naturaleza del Derecho administrativo o penal, está la capacidad decisoria de tipificar una conducta como perteneciente al ámbito administrativo o a la esfera penal.

La potestad de sanción de la Administración tiene efectos sólo respecto de quienes están directamente en relación con su organización o funcionamiento, más que a otros fines sociales generales o contra ciudadanos en abstracto. Se orienta y persigue, "...el respeto de una disciplina que la institución administrativa debe garantizar por el uso de un poder de represión que le es inherente, como a toda institución." (32)

Esta potestad sancionadora de naturaleza administrativa determina que, en numerosos casos, se puedan aplicar sanciones a personas que estén vinculadas directamente, o no, a la Administración. Es decir, a cualquier ciudadano que haya violado un precepto administrativo.

Es indudable que la Administración dispone de la capacidad para imponer sanciones, pero en el ámbito de las relaciones de supremacía general, tal imposición de sanciones por parte de la Administración no estaría justificada, puesto que invadiría áreas del orden social general, donde son los Tribunales ordinarios quienes tienen capacidad y han de encargarse de su protección.

La potestad sancionadora de la Administración se diferencia cualitativamente y por sus fines de la potestad punitiva penal. En esta última se protege el orden social colectivo, y su aplicación "...persigue esencialmente (sin perjuicio de la concurrencia de otros fines difusos) un fin retributivo abstracto, expiatorio, eventualmente correctivo o resocializador, en la persona del delincuente." (33)

La Constitución española, por ejemplo, prescribe en el artículo 117.1, "La justicia emana del pueblo y se administra en nombre del Rey por jueces y magistrados integrantes del poder judicial, independientes, inamovibles, responsables y sometidos únicamente al imperio de la ley."

Ahora bien, la potestad sancionadora de la Administración pública, esto es, la facultad de los entes administrativos de imponer sanciones a particulares, con las formalidades y garantías que caracterizan al procedimiento judicial, se apoya en el artículo 25.3 de la Constitución española. (34)

Entonces, y en sentido contrario, puede la Administración imponer otro tipo de sanciones, pecuniarias o privativas de un derecho, siempre que no afecte la libertad de las personas.

Pero, aún reconocida esta potestad sancionadora de la Administración no indica que escape al control de los Tribunales. El artículo

106.1 de la Constitución española dispone, "Los Tribunales controlan la potestad reglamentaria y la legalidad de la actuación administrativa, así como el sometimiento de ésta a los fines que la justifican."

Por parte de la Administración del Estado están la potestad de sanción de autoprotección y la de protección del orden público o general.

La potestad de sanción de autoprotección administrativa, presenta cuatro características manifestaciones que, consecuentemente, dan lugar a igual número de sanciones:

1) Sanciones disciplinarias: Se aplican a todas aquellas personas que se encuentran vinculadas en una relación especial con la Administración, por infracciones cometidas a la disciplina interna.

2) Sanciones de policía demanial: Se aplican a los usuarios del dominio público.

3) Sanciones rescisorias de actos administrativos favorables: Tienen lugar cuando la Administración deja sin efecto, de forma temporal o definitiva, un acto administrativo favorable al sancionado, como consecuencia directa de una conducta ilegal de éste.

4) Sanciones tributarias: Mediante estas sanciones la Administración autoprotege su derecho a percibir los tributos debidos por los administrados.

En la potestad de sanción de protección del orden público o general, la Administración no busca su propia protección sino que, orienta la tutela al orden social general.

Planteados todos estos criterios de la potestad sancionadora de la Administración, cabría preguntarse en cuál de los dos grandes ámbitos -autoprotección u orden público o general- habría que incluir a las infracciones que atentan contra el ambiente.

Se entiende que, en el área ambiental coexisten ambas manifestaciones, encuadradas unas en las demaniales de autoprotección (bienes afectados al uso general o a los servicios públicos, y que gozan de protección especial puesto que no se pueden enajenar -salvo desafectación-, embargar, y no pueden prescribir), y otras en las más generales de defensa del orden jurídico general. Ejemplos de las primeras, podrían ser aquellas infracciones que recaen en sectores de bienes demaniales (minas, aguas, costas), lo que supone una asunción de la titularidad de los mismos por parte del Estado. En cuanto a las segundas serían, por ejemplo, las vinculadas al área de la ordenación urbanística.

En orden ambiental existen sanciones administrativas, prácticamente diversificables en los distintos apartados de la precedente clasificación, reguladas en las diferentes disposiciones que protegen aspectos generales y sectoriales del ambiente.

7.3. RESPONSABILIDAD PENAL

Desde los tiempos más remotos el ser humano ha hecho uso de los recursos naturales, ha dependido y depende de ellos. Esta relación es un vínculo de interés y de necesidad, "...la Tierra no pertenece al hombre; el hombre pertenece a la Tierra." [Jefe Noah Seattle 1855]. Por ello, expresa o tácitamente, sabe que debe cuidar de esos recursos naturales y respetar sus leyes. Pero, a su vez, necesita contar con normas jurídicas que obliguen a respetar esas leyes naturales.

Siempre ha estado latente un grado importante de respeto hacia la Naturaleza. Sin embargo, esta relación respetuosa necesitó plasmarse en normas jurídicas, a fin de evitar que determinadas conductas sean contrarias al uso prudente de los recursos naturales y para impedir, en consecuencia, su deterioro. Antiguamente ya se hablaba de patrimonio común, de esos bienes naturales que a todos pertenecen y que era imperativo cuidar. Así, por ejemplo, las Partidas del Rey Alfonso X (s.XIII) señalan, "*Las cosas que comunalmente pertenecen a todas las criaturas que biuen en este mundo, son estas; el ayre, e las aguas de la lluuia, e el mar, e su ribera*."

El castigo de las conductas agresivas para con los recursos naturales no permaneció ajeno a su regulación en las antiguas compilaciones jurídicas. El sujeto jurídico protegido, el ambiente, ya contaba con estructuras legales de fuerte naturaleza represiva. Esta tendencia a regular el comportamiento humano, sea según usos y costumbres o en la norma escrita, es un factor común en casi todos los grupos sociales a lo largo de la evolución de la humanidad.

La necesidad de preservar los recursos naturales en general, y ciertos recursos vivos en particular, determinó el dictado y efectiva implementación de disposiciones jurídicas. La aplicación de estas normas resultaba, por lo general, marcadamente severa. En ocasiones estas condenas se traducían para los "dañadores" en dolorosas penas corporales, constituyendo algunas veces castigos simples, o bien combinados o múltiples, a través de los cuales se buscaba corregir y encauzar la conducta agresiva y, al mismo tiempo, escarmentar al culpable.

Las penas podían traducirse en privación de la libertad, compensación económica -doblada o triplicada la suma debida según haya sido la intencionalidad o malicia del dañador-, restitución de lo dañado [reductio in pristinum], prohibición de aprovechamiento, confiscación de bienes, o en la humillación del destierro. Incluso, existían delitos que se castigaban con la pena de muerte.

El delito ambiental como tal se encuentra establecido en antiguos cuerpos legales, traducido en una serie de normas precursoras de la regulación contemporánea. En éstas viejas normas jurídicas y, aunque de modo un tanto primitivo, se castigaban esas conductas ofensivas para con los recursos naturales.

Modernamente, y al igual que ha sucedido con todas las ramas del Derecho, la materia penal no ha quedado al margen de la influencia de lo ambiental. Por esta razón, la preocupación del legislador por la protección penal del ambiente, se refleja en la regulación del delito ambiental que se encuentra recogido en los Títulos XVI y XVII del Código penal español (Ley Orgánica 10/1995)

Si se comparan las antiguas normas legales que castigaban severamente a los culpables por delitos ambientales, con las nuevas, se advierte que, mientras las intervenciones humanas en el entorno se han vuelto progresivamente más intensas, complejas y dañosas, las otrora fuertes regulaciones jurídicas se han convertido en debilitados y frágiles entramados legales, que impiden que aquellas conductas delictivas desde el punto de vista ambiental, se castiguen adecuadamente por los daños causados, por las consecuencias del ejercicio de actividades dañosas, y por el incumplimiento de las obligaciones derivadas de sus responsabilidades.

El conjunto de normas penales que sancionan conductas contrarias a la utilización racional de los recursos naturales, debe llevar intrínseca la condición formal de sancionar mediante penas tales comportamientos y, fundamentalmente, los tipos penales deben ser correctos y funcionales a fin de lograr una justa y eficaz protección del ambiente.

De manera alguna puede pensarse, ni menos creerse, que las disposiciones penales tienen la mítica capacidad de resolver todos los problemas ambientales, puesto que deben cumplirse determinados requisitos o presupuestos antes de recurrir a ella.

La tutela del ambiente es tutela, sobre todo, de la vida de los seres vivientes y de ahí, en primer lugar de la vida del ser humano. Esta tutela debe orientarse al aspecto preventivo más que al represivo y, sobre todo, a la coordinación en la gestión de los poderes del Estado. La excesiva proliferación de leyes ambientales nacionales y regionales no es un signo positivo; la crisis del Derecho trae con sí el agravamiento de la crisis ambiental.

La relación de la actividad jurídica en atención a los problemas ambientales, deviene en graves insuficiencias. Por ejemplo, deja de existir la unidad de la función jurisdiccional y en la decisión de diferentes juicios interviene en momentos distintos y con contradictorias sanciones.

En cuanto al bien protegido, hay que señalar que lo vulnerado no es lo ecológico estrictamente sino el ambiente, el soporte de las actividades humanas. Ecológico o ecología, alude a la relación entre organismos vivos y el medio en que estos se desarrollan, en tanto que ambiente, hace referencia al medio, al espacio, entorno, ámbito y/o lugar.

Por tanto, no se entiende como correcto el decir delito ecológico, pese a que los usos y costumbres lo han asimilado y aceptado de ese modo. El ambiente responde a directrices de la ciencia ecológica; los diferentes elementos del ambiente tienen respuesta en los lineamientos de esa rama científica.

El ambiente, como bien o valor jurídico, es un interés de nivel superior y generalidad intrínseca, conformado a partir de la interacción de los bienes jurídicos tradicionales (vida, salud, cultura, riqueza nacional, entre otros). La voluntad de limitar y deslindar el bien jurídico protegido, llega hasta describirlo como el conjunto de recursos naturales cuya racional utilización posibilita el desarrollo del ser humano y la existencia de la vida.

En los preceptos penales ambientales el bien jurídico protegido tiende, necesariamente, hacia el pluralismo.

Postiglione, al hablar de delito ambiental hace referencia a ilícito ambiental, y lo define diciendo que es en general el "hecho antijurídico, previsto por el Derecho positivo, lesivo del derecho al ambiente, o sea el aspecto esencial de la personalidad humana, individual y social, en relación vital con la integridad y el equilibrio del ambiente, determinado por nuevos trabajos o acciones sobre el territorio y por alteraciones voluntarias, químicas o físicas o por cualquier otro atentado o perjuicio, directo o indirecto, en uno o más componentes naturales (agua, aire, suelo, etc.) o culturales y las condiciones de vida de sus seres vivientes (flora y fauna)." (35)

La esencia del hecho antijurídico se encuentra en un quebrantamiento del equilibrio ambiental, por tanto del daño al ambiente deviene en consecuencia el injusto. El ilícito ambiental es causa indiscutible del daño, y el ordenamiento jurídico tropieza con toda clase de dificultad al definir el modo de reparación de los mismos.

Será preciso pues, el encuentro de un sistema instrumental inhibitorio idóneo que impida que el daño suceda, bloqueando la acción ilícita y su dinamismo destructivo. La sanción penal no parece la vía más adecuada; la verdadera sanción consiste en prevenir y en restablecer en el límite de lo posible la situación precedente.

Esta necesidad de crear un orden jurídico normativo, que integre un sistema de preceptos que obliguen a delimitar el hacer o no hacer, constituye exigencia en los distintos ámbitos y, fundamentalmente, en la explotación de recursos naturales.

Al prevenir los delitos mediante la amenaza de una pena, capaz de detener a quien pudiera tentarse a cometerlos o, en su caso, reprimir las conductas agresivas y anti-ambientales, se criminalizan los comportamientos de las personas, dando al ambiente una protección de efectos generales e inmediatos. Paralelamente, la sociedad se informa acerca de aquello que es lícito o no, abriendo paso al conocido principio "Nullum crimen sine lege".

La evolución permanente de los grupos sociales hacia formas más democráticas e igualitarias, las nuevas orientaciones de lucha económica de los pueblos y, en general, las contradicciones inherentes a las sociedades industriales, presionan la necesaria evolución del Derecho penal. Este se dirige a la configuración de nuevos tipos penales de protección de bienes que en otros tiempos no existían, o no se descubrían como útiles al hombre o, siendo provechosos, se preveían figuras de castigo.

La protección penal ambiental implica un compromiso, donde el equilibrio ecológico y la calidad de vida son el sustrato jurídico protegido y en sí mismo valioso. La ley penal que mire a la protección del ambiente tipificará las conductas que atenten contra la conservación, la defensa y el mejoramiento ambiental.

El sistema punitivo se integrará con un conjunto de disposiciones jurídicas sustancialmente ambientales, que se referirán a todas aquellas conductas que, en mayor o menor grado, lesionan el orden social con el menosprecio de los diferentes recursos naturales, y a todas esas otras conductas que, por omisión o comisión, permitan que la situación de riesgo se convierta, directa o indirectamente, en daño ambiental.

De este modo, las conductas a criminalizar a fin de proteger el bien jurídico ambiente deben contener, necesariamente, un supuesto de hecho y una específica consecuencia jurídica.

Las penas que se imponen en los casos de delitos ambientales deben ser de tal entidad, que se correspondan a la situación de crisis ambiental determinada por la irracional explotación, erróneo manejo y falta de gestión de los recursos naturales.

La estrategia más ventajosa se articula en la prevención, en evitar desde el origen, por ello "La necesidad de conservar, defender y mejorar el ambiente, es decir, de prever que no se produzcan hechos que deterioren la Naturaleza, es el principio rector de la política ambiental que obliga al Estado a actuar dentro de esquemas planificados, por lo cual sus políticas tienen un fin preventivo antes que reparador, ya que la primera función sería conservar las condiciones ambientales propicias para una alta calidad de vida..." (36)

En cuanto a la conducta de los autores de daños contra el ambiente, cabe señalar que ésta puede adoptar diferentes formas:

1) Sujetos que delinquen en un ámbito no específicamente propio, pero que ocasionalmente pueden actuar en él (cazador furtivo, pirómano...).

2) Sujetos que delinquen por ignorancia, despreocupación o descuido (impericia, negligencia o imprudencia), desconocen la problemática ambiental o, conociéndola, no prevén ni evitan los atentados contra el ambiente.

3) Sujetos que delinquen financiera o industrialmente.

En este caso se pueden observar diferentes tipologías: a) por excesiva inclinación a las riquezas que ya se tienen, y no admiten ningún tipo de renuncia en beneficio del ambiente; b) por una desmedida voluntad de mayor productividad, sin aceptar que la disminución de los rendimientos a corto plazo puede plantearse como necesidad ecológica; d) por ánimo de lucro desmesurado, desarrollando actividades contrarias a la estabilidad ambiental, con el solo fin de obtener mayores beneficios. (37)

4) Un cuarto tipo de conducta dañosa se encuentra en el ejercicio de la función pública cuando, por comisión, omisión, ignorancia, impericia, imprudencia o negligencia, el funcionario concede ciertas autorizaciones, deniega otras o, en su caso, desestima solicitudes de información ambiental básica necesaria para la realización de determinados estudios.

Una referencia histórica relacionada con los funcionarios públicos está recogida en la Real Orden Penal de 1748. Establecía que éstos tenían la obligación de pagar con bienes propios los daños cometidos por fraude, tolerancia o disimulo, más cuatro años de prisión en el presidio de Africa [Artículo IX].

La responsabilidad en cuestiones urbanísticas se prevé en el Código penal español (1995), que establece, "Artículo 320, 1. La autoridad pública o funcionario público que, a sabiendas de su injusticia, haya informado favorablemente proyectos de edificación o la concesión de licencias contrarias a las normas urbanísticas vigentes será castigado con la pena establecida en el artículo 404 de este Código y, además, con la de prisión de seis meses a dos años o la multa de doce a veinticuatro meses. 2. Con las mismas penas se castigará a la autoridad o funcionario público que por sí mismo o como miembro de un organismo colegiado haya resuelto o votado a favor de su concesión a sabiendas de su injusticia."

El Art. 404 dispone, "A la autoridad o funcionario público que, a sabiendas de su injusticia, dictare una resolución arbitraria en un asunto administrativo se le castigará con la pena de inhabilitación especial para empleo o cargo público por tiempo de siete a diez años."

Se debe insistir en que, en la medida que no exista la prevención se hace imposible la represión e incluso, la prevención será imperfecta si no se integra con la represión. Pues no hay prevención sin represión, ni represión sin prevención. Es conveniente destacar que la finalidad del Derecho penal en general y del ambiental en particular, no es la represión en sí, sino la prevención de las conductas de efectos negativos para el ambiente.

Esta prevención será constitutiva del Derecho penal ambiental, aún cuando lo sea a través de la amenaza de la represión. La amenaza de la represión, previene.

El bien jurídico protegido por las disposiciones penales, se resume en un cúmulo de bienes tradicionales consistentes, en último término, en la conservación de los recursos naturales, en el mantenimiento de la diversidad biológica, garantizándose directa o indirectamente a corto plazo el desarrollo sostenible, la calidad de la vida y la vida misma.

El sujeto pasivo del daño ambiental es, sin duda, el ambiente (Naturaleza en general, recursos naturales y procesos) considerado en su integridad, concretándose el sujeto activo en las personas individualmente consideradas, agrupadas en diferentes tipos de sociedades, o bien en los funcionarios públicos, cuando se ven implicados por haber concedido autorizaciones, licencias o permisos antirreglamentarios o al margen de las legislaciones, o por no impedir la acción contaminante. (38)

La problemática ambiental no sólo gira en torno a cuestiones de emisión e inmisión de contaminantes, también se vincula a los efectos negativos y dañosos acumulativos, detectables muchos años después del evento origen.

Los problemas más agudos que se presentan son los relacionados con el nexo de causalidad entre el comportamiento dañoso y el daño producido, y la cuantificación de este daño, en aquellos supuestos en que las conductas peligrosas se materializan afectando al ambiente.

La conducta configurativa del delito ambiental consiste, básicamente, en provocar alteraciones en los recursos naturales y en la dinámica de los procesos que en ellos intervienen. Tales comportamientos repercuten lesionando directa o indirectamente, a corto o largo plazo, diferentes bienes jurídicos, la integridad del ser humano y, en fin, toda la vida en el planeta.

No es fácil precisar el lazo de causalidad entre un hecho ambiental dañoso y el perjuicio sufrido por un tercero. Por otro lado, aún cuando el sujeto activo del daño sea identificado sobreviene otro problema, que es el de determinar monetariamente y en cifras los costes de las consecuencias (enfermedades, deterioros, alteraciones ambientales en general) y su posible reparación.

Cuando se trata del daño producido mediante el empleo de elementos mecánicos, es decir, cuando se modifican cuantitativamente las condiciones naturales del bien ambiental produciendo daños visibles (deforestación, quemas, desvío del cauce del río, por ejemplo), la prueba de daño y la relación de causalidad es de fácil determinación, con arreglo a métodos probatorios de Derecho común y del Derecho administrativo especial (prueba de expertos, testimoniales, inspecciones oculares, fotografía, entre otras).

En resumen, los principales problemas que surgen en el ámbito penal respecto a daños ambientales, son los siguientes:

1) Determinación de las relaciones causales entre una o varias conductas y los resultados lesivos para el ambiente.

2) Cuantificación de los daños a efecto de establecer el importe de las reparaciones e indemnizaciones.

3) Distribución entre los diferentes responsables civiles y partícipes, de las cuotas de responsabilidad y causalidad. (39)

El Código penal español (1995), contempla importantes novedades en materia ambiental. Establece los delitos relativos a la ordenación del territorio y la protección del patrimonio histórico y del ambiente en el Título XVI. Este Título se divide en cinco Capítulos que hacen referencia a: los delitos sobre la ordenación del territorio (Arts.319 y 320), los delitos sobre el patrimonio histórico (Arts.321 a 324), los delitos contra los recursos naturales y el ambiente (Arts.325 a 331) -en este Capítulo se prevé la imprudencia grave-, los delitos relativos a la protección de la flora y fauna (Arts.332 a 337), y las disposiciones comunes (Arts.338 a 340).

El Título XVII hace referencia a los delitos contra la seguridad colectiva, disponiendo la agravación de las penas cuando los hechos acaezcan en espacio natural protegido, si tal característica no está implícita en el tipo penal correspondiente. También prevé la facultad del juzgador para acordar medidas encaminadas a la 'reductio in pristinum', u otra cautelar de protección de los bienes afectados, así como la preceptiva atenuación de la pena cuando el culpable haya procedido voluntariamente a reparar el daño causado.

Como novedad en el aspecto de la contaminación punible, se encuentra el establecimiento de depósitos o vertederos de desechos o residuos sólidos o líquidos que sean tóxicos o peligrosos, que puedan afectar gravemente el equilibrio de los sistemas naturales o la salud de las personas.

Se crea el llamado delito urbanístico, castigando a la autoridad o funcionario que "a sabiendas de su injusticia" -prevaricación específica-, haya informado favorablemente las construcciones.

Para que la aplicación correcta de las normas legales en general, y de la penal ambiental especialmente, pueda alcanzar resultados concretos y positivos, es requisito indispensable un alto grado de conciencia ambiental en todos los sectores y a todos los niveles.

Precisa, además, actitudes favorables de la Administración y, en su caso, cambios sustanciales en los órganos de decisión competentes en materia ambiental.

Si bien existe cierta desidia en algunos sectores encargados de gestionar adecuadamente la materia ambiental, a la que suele quitarse importancia y profesionalidad, puede que, con la aplicación efectiva de la nueva redacción del Código penal español, se mitiguen algunos errores que se están produciendo y que comprometen la preservación del medio.

Por ello, es fundamental, como cuestión primera entre las más urgentes, tener auténtico interés por el bien jurídico protegido. También, es básica una tarea continua de vigilancia y control en la efectiva aplicación de las normas legales penales, así como la imposición en tiempo y forma de castigos ejemplares para los culpables de daños ambientales.

Esto, en gran medida, podría contribuir a subsanar y, según los casos, paralizar muchos de los daños ambientales que conllevan graves repercusiones en el sistema natural global.

Lo cierto es que, se denomine *inmundicias, eftiercol, cafcajo, arrojar tripas, veneno, cofa ponçoñofa, o enturbiar los ríos* [Ordenanzas de Granada], la regulación penal ambiental encuentra sus fuentes en antiguos cuerpos legales. En disposiciones de simple redacción, se castigaban las conductas y se obligaba a conservar, mantener y evitar producir daños a la Naturaleza.

Hoy no se alude a las tripas que enturbian las aguas, sino se habla de contaminación hídrica...Y no se mencionan espartos, trapos o sogas, en la actualidad se regulan vertidos, sustancias y residuos tóxicos, peligrosos, radiactivos... Tampoco se azota, ni se conmutan las penas a cambio de trabajos en beneficio del medio: hoy apenas se vuelve el bien dañado al estado anterior; las sumas para compensar los daños ambientales en el mejor de los casos son mínimas y pocas veces se aplican efectivamente, o no existen; y, naturalmente, no se destierra.

Por último, cabría preguntarse si está realmente tipificado el delito ambiental, y en ese caso conocer la aplicación efectiva que tienen hoy las normas penales en este tipo de delitos.

8. PRINCIPIOS JURIDICO AMBIENTALES

"*Muchos de los hábitats de la Tierra, los animales, las plantas, los insectos y los microorganismos que incluso hoy ya están catalogados como raros, puede ser que las generaciones futuras ni siquiera los lleguen a conocer. En nuestras manos tenemos los medios y la responsabilidad para evitarlo. Debemos actuar antes que sea demasiado tarde.*"
Decimocuarto Dalai Lama del Tibet

8.1. JUSTIFICACION

Se entiende por principios los "Criterios fundamentales que informan el origen y desenvolvimiento de una determinada legislación que, expresados en reglas y aforismos, tienen virtualidad y eficacia propias con independencia de las normas formuladas en el plano positivo." (40); "... los principios son las bases o rudimentos de una ciencia o arte." (41)

Tienen carácter de criterios fundamentales, o postulados universales, porque a través de ellos se generalizan las soluciones particulares más apropiadas partiendo de la justicia y la equidad social.

El más importante servicio de los principios jurídicos, se encuentra en la valiosa utilidad que prestan por medio de la independencia y generalidad que les particulariza.

Sus funciones son dos principales y una secundaria. Por un lado, y en defecto de ley o costumbre, se constituyen en fuente subsidiaria, y por otro, informan a todo el ordenamiento jurídico. La función secundaria se integra en la interpretación, como herramienta que descubre el sentido y alcance de las disposiciones o textos.

Hablar de Principios en materia ambiental, es hacer referencia a ese conjunto de postulados indispensables que apoyan y fundamentan ciertas acciones, alguna gestión, las decisiones y casi todos los aspectos jurídico ambientales. Al ser las leyes insuficientes para resolver los innumerables problemas que plantea la sociedad en general y que se generan por la utilización inadecuada de los recursos naturales, y como no es posible prever y regular mediante normas todas las posibles situaciones ambientales, quedan casos no previstos jurídicamente y, por tanto, lagunas legales que son salvadas mediante la adecuada aplicación de los Principios.

Es importante señalar que el "carácter de criterios fundamentales deriva de expresar principios de justicia de valor elemental y naturaleza objetiva. Y su condición de fuente informativa del ordenamiento explica que puedan adoptar peculiaridades, que, sin romper su tónica general y abstracta, disciplinan la estructura jurídica de un determinado grupo humano y social. No son, ciertamente, verdades absolutas, pero su más pura esencia responde a una general aspiración que se traduce, en la órbita jurídica, en una política de desenvolvimiento y realización de su contenido, que es lo que les da utilidad." (42)

La aplicación de los Principios ambientales representa una técnica jurídica que cubre el silencio de las leyes, razón por la cual se recurre bien sea a la analogía, a través del Principio de analogía, a la equidad, a los Principios del Derecho natural o a los Principios generales del Derecho.

Mediante una combinación de tales Principios puede surgir fácilmente la justa solución, encontrando en éstos el jurista un verdadero punto de apoyo que, de alguna manera, permite el alejamiento de cualquier arbitrariedad en la aplicación de la norma ambiental o, en su caso, del Principio ambiental.

Por tanto, a falta de una norma específica que regule el caso ambiental planteado, se debe recurrir al Derecho consuetudinario, y en ausencia de una costumbre, es obligación pronunciarse según y conforme la doctrina, la jurisprudencia y los Principios del Derecho.

Los Principios "vienen considerados no sólo bajo un aspecto dogmático, como criterios que están en el fundamento de las soluciones legislativas, en la medida en que el Derecho positivo se halla por ellos informado, sino también en su aspecto dinámico como exigencias de política legislativa, que no se agotan en las situaciones acogidas, sino que hay que tenerlas presentes como directrices o instrumentos de la interpretación respecto a los casos dudosos y también como tendencias y orientaciones a seguir en el proceso de la legislación (Betti)." (43)

Son las cuestiones no reguladas las que activan el entramado de Principios jurídicos en general, y ambientales en particular. Mediante la correcta aplicación de éstos se intenta, por un lado. cubrir el vacío legal ambiental y, por otro, resolver el problema ambiental planteado. Por tanto, puede entenderse que, si bien existen lagunas en la legislación, no así en el Derecho, puesto que siempre habrá una retroalimentación del sistema jurídico capaz de resolver, por vía de Principios, la situación carente de norma específica.

8.2. DEFINICION Y ANALISIS

Además de los Principios jurídico ambientales de realidad, solidaridad, regulación jurídica integral, prevención, incorporación de la variable ambiental, nivel de acción más adecuado, tratamiento de causas y síntomas, conjunción de aspectos colectivos e individuales, transpersonalización de las disposiciones jurídicas, y unidad de gestión (44), es posible incorporar otros Principios estrechamente vinculados a los anteriores.

Estos son: responsabilidades compartidas-aspecto subsidiario, precaución, conservación de las condiciones naturales, analogía, reducción, condicionamiento de las leyes naturales, uso más conveniente, acción sostenible, mantenimiento del capital natural.

Responsabilidades compartidas - Aspecto subsidiario

El aspecto subsidiario, al cual hace expresa mención el Quinto Programa de acción comunitaria en materia de ambiente y desarrollo sostenible (1993-2000), tendrá particular importancia a la hora de velar para que el conjunto de objetivos, finalidades, metas y actividades del Programa se hagan plenamente efectivos, por medio de las iniciativas y de las actuaciones adecuadas en todos los ámbitos, desde el local al internacional.

Evidentemente, los objetivos que se han establecido en este Programa, y la meta a la que en definitiva se tiende, es alcanzar un justo e igualitario desarrollo sostenible. Pero este objetivo sólo podrá ser conseguido, si todos los agentes involucrados trabajan de forma concertada, en colaboración y en el más amplio sentido de la responsabilidad compartida.

Según el Tratado de la Unión Europea, ésta intervendrá conforme el carácter subsidiario, sólo en la medida que los objetivos de la acción pretendida no puedan ser alcanzados de manera suficiente por los Estados miembros.

Por tanto, el Quinto Programa combina el carácter subsidiario en el más amplio y elevado concepto de la responsabilidad compartida.

ambiente, que con razón o sin ella se consideraban estrechamente vinculados a la realización del mercado común.

La consagración del aspecto subsidiario en el Tratado y la importancia que le atribuyen los Estados miembros, constituye una ocasión para que todas las instituciones, y en primer lugar la Comisión, dado su poder de iniciativa, reduzcan la acción de la Comunidad a lo esencial, actúen menos para actuar mejor.

La aplicación de este Principio no puede reducirse a poner en tela de juicio el derecho de iniciativa de la Comisión modificando, por tanto, el equilibrio establecido por los Tratados. El aspecto subsidiario tiene una dimensión interinstitucional y, en concreto, se encuentra íntimamente ligado a la cuestión del déficit democrático.

El aspecto subsidiario debe conciliar diferentes imperativos, desde la perspectiva práctica, política, jurídica e institucional. a) desde un punto de vista práctico, mejorar la eficacia de la acción comunitaria, es decir, obrar menos para hacerlo mejor; b) desde un punto de vista político, dar garantías a los Estados miembros y a la opinión pública de que la Comisión no pretende inmiscuirse en todo; c) desde un punto de vista jurídico, traducir las buenas intenciones en obligaciones; d) desde un punto de vista institucional, salvaguardar el equilibrio y en especial el derecho de iniciativa de la Comisión.

Precaución

El Principio de precaución, aspecto preliminar y fundamento básico del Principio de prevención, se ha incorporado a la dinámica ambiental por distintas vías. Forma parte de diferentes recomendaciones en documentos internacionales y se integra en el discurso de políticos y especialistas.

Se incorpora necesariamente y por vía directa en el Principio de realidad, responsabilidades compartidas (aspecto subsidiario) e información, y por vía indirecta y complementaria en el Principio de cooperación en su más amplio sentido y alcance.

Su consideración como Principio de urgente aplicación se ha convertido en necesidad desde el nivel local al internacional. A través de la aplicación de este Principio se pretende alcanzar ese mínimo grado de seguridad necesario, para que las actividades sean concordantes con los requerimientos ambientales.

Este Principio constituye en sí mismo una declaración de propósito, un acuerdo voluntario para actuar con extremo cuidado, diligencia y cautela en el momento de tomar una decisión que, directa o indirectamente, pueda repercutir de forma adversa en el medio.

Es la propia acción cautelosa y diligente la que enmarca y sustenta el Principio de precaución, intentando prevenir riesgos ambientales. Representa, por tanto, una intención de prudencia ambiental. Es un claro deseo de prevenir cualquier tipo de alteración sobre el medio anticipándose al hecho dañoso.

En este último sentido, puede entenderse como excluido del Principio de precaución en sentido estricto, el conjunto de desastres o catástrofes provocado por fenómenos naturales. Sin embargo, en contadas situaciones es posible hacer intervenir directamente este Principio. Tales situaciones se presentan debido al estado de vulnerabilidad en que se encuentran determinados elementos, expuestos en mayor o menor medida a sufrir las consecuencias no deseadas, catastróficas o desastrosas, provocadas por fenómenos naturales. Es decir, en casos concretos de grandes deslizamientos de suelos, ciertos incendios e inundaciones.

En la Carta de los Suelos, del Consejo de Europa (1972), ya se había recomendado este principio. Pero, suele suceder, que los textos pasan inadvertidos o no son analizados con suficiente detenimiento y atención.

Es el punto 5 de esta Carta el que hace referencia a la precaución, "5. Los suelos deben ser protegidos contra la erosión. El suelo está expuesto a los agentes atmosféricos, es erosionado por el agua, el viento, la nieve y el hielo. Las actividades humanas emprendidas sin precaución aceleran la degradación de la estructura del suelo y disminuyen su resistencia normal a los agentes erosivos. En todas las situaciones conviene adoptar medidas físicas y biológicas apropiadas para proteger los suelos contra toda erosión acelerada. Medidas particulares deben ser adoptadas para las zonas sometidas a inundaciones y avalanchas."

Este Principio abre paso a un conjunto de interpretaciones diversas, lo cual conduce a la contingencia o posibilidad de dar a éste un sentido y alcance menor al que realmente le corresponde. Por ello lo deseable es que se interprete en toda su magnitud y trascendencia en los diferentes campos de actuación y, a la vez, se abandone cualquier intento de actitud mezquina.

La particular elasticidad y ambigüedad que caracteriza al Principio de precaución, al par de confundir a órganos decisores con competencias ambientales, concede el beneficio de escapar de las rígidas estructuras del lenguaje, y adaptarlo convenientemente a los casos concretos en provecho y auxilio de los bienes ambientales.

La decisión, que forma parte de la gestión ambiental, puede recaer sobre aquellas sustancias que, aún no existiendo evidencia científica determinante acerca de su nocividad, tienen la potencialidad de ser perjudiciales para el medio. Es decir que, cuando existe un conjunto de pruebas suficientes que declaran a una actividad, actuación o sustancia como susceptible de causar efectos negativos en el ambiente, es deber adoptar medidas precautorias.

La falta de pruebas científicas firmes y concluyentes no debe ser obstáculo para la implementación y puesta en práctica de este Principio sino que, precisamente por el elevado grado de emergencia ambiental global, éste debe significar paso previo a la aplicación del Principio de prevención. De esta manera, se anticipa en previo estadio y se prepara la vía preventiva, evitando que los resultados a que arribe la comunidad científica lleguen demasiado tarde, una vez que ya se ha producido el deterioro ambiental.

En este sentido, el Principio 15 de la Declaración de Río de Janeiro (1992) señala, "La ausencia de una certeza científica no debe servir como pretexto para aplazar la adopción de medidas efectivas contra la degradación." Asimismo, este Principio se encuentra reflejado en la Convención sobre Cambio climático (1992), "3.3. Las partes deberán tomar medidas precautorias para anticiparse, prevenir o minimizar las causas del cambio climático y mitigar sus efectos adversos."

Y, por interpretación amplia y extensiva, se registra en el Preámbulo de la Convención sobre Diversidad biológica (1992), "...es vital anticiparse, prevenir y atacar las causas de la reducción significativa o pérdida de diversidad biológica."

En aquellas regiones que están expuestas al riesgo de sufrir algún tipo de daño ambiental, el Principio de precaución juega un papel preponderante, en especial en países en desarrollo, ribereños y costeros. En este aspecto, los Principios de información y de cooperación internacional enlazan directamente, y dan cimientos firmes para la correcta aplicación de dicho Principio.

Para estas zonas es especialmente importante implementar y avanzar en el desarrollo y práctica del Principio de precaución, puesto que los países que cuentan con áreas ribereñas, costeras, o pertenecen al bloque de países en desarrollo, tienen mayores posibilidades de sufrir riesgos ambientales, fundamentalmente como consecuencia del cambio climático (subida y expansión de las aguas), afectando a regiones cuyas economías se basan casi totalmente en la actividad agrícola.

A través de este Principio se incorpora la cautela, es decir, el proceder con reserva, con cuidado y diligencia. Asimismo, se invierte la carga de la prueba, tanto para aquellos que alegan una situación de degradación ambiental, como para quienes realizan actividades con efectos perjudiciales.

Este Principio exige que aseguren los riesgos, todas las personas físicas o jurídicas, que realicen actividades dañosas desde el punto de vista ambiental. Es decir, deben adoptar todas las medidas de cuidado y diligencia precautorias necesarias a efecto de disminuir cualquier posibilidad de deterioro ambiental, declarando expresamente que las actividades previstas no causarán daños al medio. Se hace necesario evitar cualquier situación de contingencia ambiental mediante la oportuna aplicación de este Principio.

En su más amplio sentido el Principio de precaución va más allá de las medidas de control, pues se anticipa al Principio de prevención y, al par, forma parte de éste por vía directa y principal.

Por tanto, antes de poner en acto cualquier tipo de actividad que pudiese tener repercusiones ambientales negativas, se debe considerar el Principio de precaución como requisito previo indispensable, a fin de asegurar que la decisión adoptada es la pertinente y la más adecuada, no sólo para las exigencias del medio en el cual se van a realizar las actuaciones, sino también para ese otro ámbito físico transfronterizo susceptible de sufrir las consecuencias de actividades humanas.

Integra este Principio en su conceptualización general procedimientos que exigen documentación, análisis, información clara y precisa, y evaluación sistemática por medio del establecimiento de un sistema coordinado de cooperación continua entre todos los sectores y niveles administrativos encargados de gestionar el ambiente. No sólo es oportuno incorporar el Principio de precaución en el nivel internacional, carente de planificación legislativa específica y de mecanismos de ejecución, sino también resulta importante introducirlo en los distintos niveles administrativos, desde el local al internacional.

Sin duda, es interés preferente la incorporación de este Principio en la política ambiental de países industrializados, aunque no cuenten con el convencimiento absoluto respecto a que las emisiones son las mayores causantes del efecto invernadero, o bien, aunque no admitieran que la reducción de las emisiones industriales coadyuvaría a mantener temperaturas más estables en el planeta.

Conservación de las condiciones naturales

Este Principio se compone de dos aspectos primordiales que se corresponden estrechamente: la preservación del entramado de las estructuras orgánicas, y la protección de los hábitats.

En cuanto a la preservación del entramado de las estructuras orgánicas, hay que señalar que el conjunto de recursos naturales es merecedor indiscutible de conservación, con total independencia de consideraciones materialistas y de fines utilitarios.

A través de un conjunto de medidas legislativas, de planificación, y mediante la orientación de planes y de metas, podría alcanzarse un justo equilibrio entre tecnología que altera el entramado de las estructuras orgánicas y conservación de los bienes ambientales.

Por ello, y "de cara a impedir menoscabos al ambiente que rebasen los límites permitidos, será obligado desarrollar métodos comunes de medición para la determinación de los valores límite, organizar a nivel internacional el control de la calidad del ambiente y los sistemas de alarma e impulsar sistemas de diagnóstico comunes para el aseguramiento de una protección preventiva del ambiente." (45)

La capacidad humana para transformar el medio en el cual se desarrollan las distintas actividades antrópicas, es tan intensa y compleja, que si no se administra prudentemente, puede causar graves daños al conjunto de seres que conforman el sistema natural. En relación a la protección de hábitats es importante conocer que, en muchas regiones del mundo, el conjunto de recursos naturales ha sido carcomido progresivamente por el garfio de la pobreza. Esta, a su vez, ha surgido y se ha desarrollado como consecuencia de la sobreexplotación y/o la escasez de recursos naturales, en calidad y cantidades adecuadas, para satisfacer las necesidades primarias de las comunidades de estas zonas empobrecidas.

Es preciso, pues, mantener la integridad de los ecosistemas del planeta mediante la aplicación de un enfoque integrado, que globalice y coordine el conjunto de acciones que, de alguna manera, inciden o puedan afectar al medio. Una adecuada y permanente protección de hábitats, permitirá, sin duda, el mejor y racional aprovechamiento sostenible de las estructuras orgánicas, favoreciendo su regeneración y continua recuperación.

Analogía

Por analogía se entiende el "método por el que una regla de ley o de Derecho se extiende a campos no comprendidos en ella." (46)

La similitud, el método comparativo y el análisis deductivo, son la esencia para la correcta aplicación de este Principio, pues es precisamente mediante la deducción comparativa que es posible extraer o inducir soluciones semejantes a casos similares.

También analogía es aquella "Técnica y procedimiento de autointegración de las normas jurídicas, que descansa en el entramado lógico de un ordenamiento, conforme con la cual el principio o la regla prevista para un caso o situación concreta puede extenderse a otro, que guarda con el primero una gran semejanza o identidad de ratio." (47)

"El supuesto necesario para la aplicación analógica de la ley es que la disposición se refiera a situaciones no previstas, pero semejantes a las previstas en la norma (ubieadem ratio ibi eadem est iuris dispositio). El fundamento de la analogía se hace descansar en el propio procedimiento de abstracción, por cuya virtud, de las normas previstas para un caso particular, se llega al principio que justifica las normas mismas; y, alcanzado el principio, se aprehende la regla que contempla, tanto para el caso legislado en concreto, como para aquel otro no hipotetizado en la previsión normativa. Esta función de abstracción puede efectuarse usando del mismo texto legal (analogía legis) o aplicando los principios en que se fundamenta el mismo Ordenamiento jurídico (analogía iuris)." (48)

Se trata de la aplicación de normas a casos similares no previstos, pero a los cuales es posible adaptar disposiciones para su resolución que ya se habían establecido para otros casos.

Por medio del Principio de analogía se analizan detalladamente casos con componentes o elementos parecidos y, tras un proceso deductivo comparativo, se extraen las similitudes jurídicas y las normas pertinentes para resolver el caso análogo al ya solucionado.

Si bien no es posible la existencia de situaciones jurídico ambientales absolutamente iguales, sí hay casos en los que las características son muy semejantes, por ello, asuntos jurídicos idénticos deben ser resueltos de manera similar.

La tarea de confrontación de las características de los casos que se comparan, es ciertamente ardua y delicada. Por ello se requiere dedicación y concentración especial en el momento del proceso deductivo comparativo. Se trata de aplicar a una situación ambiental las normas mediante las cuales ya ha sido resuelto otro caso similar.

Pero, la aplicación del Principio de analogía vuelve en extremo delicada la decisión y, por tanto, la opción por las normas que se le han aplicado a otro caso, puesto que el trabajo comparativo debe haber sido exacto para dar solución idéntica al caso análogo.

En caso de diferir o no corresponderse en alguna medida alguno de los caracteres que singularizan la situación resuelta, ya no será posible aplicar el Principio de analogía y, entonces, habrá que recurrir a otro Principio jurídico ambiental o, en su caso, a los Principios generales del Derecho.

Si se requiere optar por la aplicación de los Principios generales del Derecho, habrá que buscar en las propias bases del Derecho la solución a los problemas ambientales que el Derecho no ha previsto, y que no es posible resolver mediante la aplicación del Principio de analogía ni de los demás Principios del Derecho ambiental.

Reducción

Es incuestionable que la capacidad de carga del conjunto de recursos naturales tiene sus límites, a partir de los cuales la utilización de éstos se vuelve potencialmente delicada, y con la probabilidad de dañar y deteriorar gravemente algún proceso natural o recurso que forma parte de tal proceso.

Los efectos negativos susceptibles de convertirse en fuertes impactos para algún recurso natural en particular, o bien para el conjunto del ambiente, no son los mismos siempre, ni tienen la misma fuerza, repercusión e incidencia. Esto resulta así porque los límites de explotación de los recursos naturales van variando, dependiendo del uso que de ellos se haga, y sus características se modifican según sean las condiciones en que se desarrollan.

Por ello, es preciso que los estilos de vida y las diferentes estrategias de actuación y de uso de recursos naturales, sean progresivamente más acordes a las necesidades ambientales limitando, en todo caso, el consumo excesivo de recursos. Esto reducirá el desequilibrio exponencial de la capacidad de carga del ecosistema Tierra y, paralelamente, ese manejo cuidadoso y prudente permitirá la recuperación cíclica de los recursos.

Este concepto implica, no tanto la opción por una actividad desde una esfera con exclusión de las demás, sino más bien una perfecta combinación tanto de agentes como de instrumentos en las áreas adecuadas, sin cuestionar en momento alguno la división de competencias entre la Unión Europea, los Estados miembros, y las Administraciones regionales y locales.

El aspecto subsidiario de carácter político ha tenido una primera aplicación jurídica en las relaciones de determinados Estados miembros con sus regiones, en formas que varían en función de sus tradiciones constitucionales. Traspuesto al marco comunitario este aspecto, significa que la Unión Europea debe desempeñar las funciones que las naciones, en sus diversos niveles de decisión, no pueden asumir de modo satisfactorio. La transferencia de esos poderes debe realizarse respetándose la identidad nacional y las competencias de las regiones.

Por su parte, los Estados miembros, de conformidad con el artículo 5 del Tratado CEE, deben orientar su acción en función de los objetivos de la Comunidad. El Tratado de la Unión Europea ha consagrado como Principio el aspecto subsidiario, y se encuentra recogido en su preámbulo y en dos de sus disposiciones, artículos B y 3 B.

En el Tratado CECA (Comunidad Europea del Carbón y del Acero) en el artículo 5, ya se vislumbraba el germen de este Principio, implícito en el Tratado de Roma y expresamente mencionado en el Acta Unica en relación al capítulo ambiental (artículo 130 R).

Dentro del sistema comunitario el Principio o aspecto subsidiario es un concepto dinámico. Más que atenazar las acciones comunitarias, el aspecto subsidiario debe permitir desarrollarlas siempre que las condiciones lo exijan y, por el contrario, limitarlas e incluso suprimirlas, cuando no se justifiquen a nivel comunitario.

La aplicación de este aspecto responde desde hace años a una doble exigencia, por un lado, la necesidad de la acción comunitaria y, por otro lado, la proporcionalidad entre los objetivos y los medios de acción.

Las grandes iniciativas de la Comisión se han basado siempre en la justificación de su necesidad. Las tareas a las que se ha consagrado estaban plenamente justificadas por las necesidades de la integración europea. En ocasiones se ha criticado la intensidad de la acción comunitaria y, en concreto, el carácter demasiado prolijo de determinadas normativas en ámbitos muy delicados, tales como sanidad y

Por otro lado, y siempre que sea posible, a fin de reducir significativamente el consumo desmedido de recursos naturales, será conveniente la reutilización, reciclado y recuperación. Esto último beneficiará por un lado al recurso que se encuentra en fase de recuperación y, por otro lado, prolongará la vida útil de los bienes que se reciclan o reutilizan.

Es preciso minimizar el agotamiento de los recursos no renovables, y permitir la recuperación adecuada de los recursos renovables, evitando siempre su consumo desmedido, que conlleva derroche y despilfarro.

A su vez, se deben favorecer estrategias que minimicen en origen o no generen situaciones conflictivas que se traduzcan en daños ambientales. También resulta conveniente optar por actitudes conservacionistas, cuyas metas tengan base en el desarrollo sostenible.

Es la aplicación del propio entramado normativo el que debe fomentar actitudes menos consumistas y, por tanto, menos agresivas en el uso y explotación de los recursos naturales.

Condicionamiento de las leyes naturales

En este Principio es necesario considerar la inmutabilidad de las leyes naturales, puesto que es su característica fundamental. "El mineral, sujeto sólo en su origen y en su desarrollo a leyes físicas y químicas, que obran fatalmente, no tiene tiempo limitado de existencia; ni tampoco sus metamorfosis se verifican en períodos fijos." (49)

Por tanto, las normas legales ambientales creadas por el hombre deben, necesariamente, y conforme al Principio de realidad y al Principio de analogía, tener la esencia de aquello a lo que van a regular.

En todos los casos es indispensable que la disposición jurídico ambiental se adapte a las características ecológicas de cada región. Porque la aplicación de algunas normas ambientales, si bien es propicia para un determinado ecosistema, puede no ser válida para otros, lo cual conllevará inadecuación de la estructura jurídica al entramado de las leyes naturales.

El conjunto de seres vivos y elementos inertes se va desarrollando y va evolucionando dentro de una diversidad estable, y entre límites que tienen como primordial característica el equilibrio dinámico.

Por ello, "hay una proporcionalidad estricta en las leyes de la Naturaleza, entre el crecimiento y el tiempo. Un árbol, una planta o una flor, lo mismo que un hombre o un animal, crecen en cantidades sensiblemente iguales en tiempos iguales. Sería un imposible concebir la formación y crecimiento de estos seres en un instante, como se forman los cuerpos inorgánicos en el precipitado de una reacción química instantáneamente." (50)

Por tanto, cuando el incremento de la población de alguna especie animal o vegetal, queda al margen de las leyes naturales, puede esperarse un estado potencial o actual peligroso para el equilibrio de la vida.

La creciente potencialidad de la acción humana y la capacidad para introducirse en la intimidad de la Naturaleza, se exterioriza en ciertas particularidades difíciles de evitar. Por un lado, la disposición de modificar las condiciones naturales, el consumo de materias y energía, la manipulación genética y, por otro, la tenacidad y facilidad de multiplicar la velocidad para la producción de bienes de todo tipo, así como la relativa probabilidad de poder prevenir las incidencias de sus actuaciones. Todo ello condicionado por la posibilidad que ha tenido el ser humano, desde tiempos remotos, de establecer normas jurídicas para regular su conducta.

En conjunto, y de un punto de vista globalizador, las normas jurídicas que regulan las actividades humanas precisan apoyarse en estructuras similares a las de la Naturaleza. La disposición jurídico ambiental, antes de condicionar el sistema natural, debe adecuar su contenido y alcance, prepactando con las inmutables leyes naturales.

Uso más conveniente

En el uso y aprovechamiento de los distintos recursos naturales es precautorio evitar la modificación de su calidad y disponibilidad, así como impedir la alteración de las características que le singularizan e identifican.

Este Principio de uso más conveniente del recurso natural, enlaza de forma preferencial y directa con el Principio de regulación jurídica integral, especialmente en lo relativo a la conservación del recurso, a través del uso o destino más apropiado. Asimismo, la relación es inmediata con el Principio de conservación de las condiciones ambientales, al preservar el entramado de las estructuras orgánicas tras la selección del uso más conveniente del recurso que sea.

También se vincula con el Principio de prevención, ello en el sentido que debe darse a los recursos naturales un uso preventivo, evitando en todos los casos llegar a situaciones tales de explotación, a partir de las cuales la recuperación del recurso sea muy costosa, o bien ya no sea posible su aprovechamiento.

Es decir, se debe impedir por todos los medios, que la utilización del recurso extralimite sus umbrales o límites de recuperación natural.

En la utilización efectiva de este Principio, es preciso realizar un análisis previo, precautorio-preventivo, de los recursos naturales a utilizar. Antes de proceder a una autorización o licencia determinada, será necesario estudiar y examinar las características del recurso a explotar; así por ejemplo, para estimar el aprovechamiento más conveniente de un río, habrá que, entre otros numerosos aspectos, analizar los caudales hídricos y la calidad de las aguas en distintas épocas del año, registrar los períodos de desove de las poblaciones piscícolas y sus migraciones, localizar zonas o tramos de alta fragilidad ecológica.

La aplicación de este Principio deberá evitar que el recurso natural pierda sus particulares características y, según cada caso concreto, se deberá variar cada tipo de uso de conformidad al nivel o grado de conservación en que se encuentre tras la explotación modificando o, en su caso, restringiendo o suprimiendo la licencia o autorización concedida.

<u>Acción sostenible</u>

Este Principio se refiere a la necesidad de utilizar de manera racional los recursos naturales. Alude a la incidencia que tienen, o deberían tener, las leyes ambientales sobre las conductas humanas.

La palabra sostenible pretende ser el reflejo de una política y una estrategia de desarrollo económico y social continuo, que no vaya en detrimento del ambiente ni de los recursos naturales, de cuya calidad dependen la satisfacción de las necesidades actuales, sin poner en peligro la capacidad de las generaciones futuras de satisfacer sus propias necesidades.

La norma jurídico ambiental debe tener capacidad tal, que oriente las estrategias y acciones humanas hacia el uso sostenible del sistema natural. Es la propia norma jurídico ambiental la que, siendo por sí misma herramienta indiscutible al servicio del desarrollo sostenible, debe regular las actividades humanas.

La conducta humana se encauza a través de la aplicación efectiva de este Principio, alcanzando el necesario carácter sostenible del aprovechamiento de los recursos naturales. Tras la aplicación de una norma jurídico ambiental de carácter sostenible a un caso concreto, la acción no puede sino ser consecuente. Porque es el propio entramado jurídico ambiental el que está permitiendo y favoreciendo el desarrollo de actitudes sostenibles.

El Quinto Programa comunitario de política y actuación en materia de ambiente y desarrollo sostenible (1993-2000), recomienda insistentemente la orientación progresiva de la actividad humana hacia el desarrollo sostenible. En este sentido señala que, "la consecución de un desarrollo sostenible presupone cambiar de forma significativa las pautas actuales de desarrollo, producción, consumo y comportamiento." Y es en este último aspecto, fundamentalmente, donde la acción sostenible debe encauzarse a través de normas jurídico ambientales apropiadas al logro de tal fin.

La gran importancia de poner en práctica acciones sostenibles sobre la base de leyes ambientales adecuadas, está recogida en los considerandos del Quinto Programa, especialmente cuando señala, "la importancia de la aplicación y el cumplimiento efectivos de la legislación comunitaria en todos los Estados miembros; [...] en las fases de propuesta y de adopción, es preciso velar por la calidad de los textos legislativos, en particular en lo que se refiere a la viabilidad de su aplicación y cumplimiento;"

Es evidente que una norma bien redactada e interpretada, será aplicada de forma correcta al caso concreto, alcanzando en consecuencia la finalidad perseguida en el espíritu de la disposición jurídica.

La norma jurídico ambiental adquiere mayor relevancia preventiva con la aplicación de este Principio. Al inducir conductas cuidadosas, diligentes, y con alto grado de cautela y de prudencia, introduce el Principio de precaución. Así, se conjugan en el Principio de acción sostenible los aspectos precautorios y preventivos, porque la disposición jurídico ambiental encauza, impulsa y favorece la generación de comportamientos sociales con base racional y alcance sostenible.

El Convenio sobre la Diversidad biológica (1992) señala en el artículo 10, "Cada Parte Contratante, en la medida de lo posible y según proceda: a) Integrará el examen de la conservación y la utilización sostenible de los recursos biológicos en los procesos nacionales de adopción de decisiones; b) Adoptará medidas relativas a la utilización de los recursos biológicos para evitar o reducir al mínimo los efectos adversos para la diversidad biológica; c) Protegerá y alentará la utilización consuetudinaria de los recursos biológicos, de conformidad con las prácticas culturales tradicionales que sean compatibles con las exigencias de la conservación o de la utilización sostenible; d) Prestará ayuda a las poblaciones locales para preparar y aplicar medidas correctivas en las zonas degradadas donde la diversidad biológica se ha reducido; y e) Fomentará la cooperación entre sus autoridades gubernamentales y su sector privado en la elaboración de métodos para la utilización sostenible de los recursos biológicos."

Mantenimiento del capital natural

Este Principio enlaza directamente con el Principio de acción sostenible, porque es la ley ambiental la encargada de encauzar conductas y, consecuentemente, mantener o tender al mantenimiento del capital natural. Esto se concreta a través de la reorientación de las conductas humanas hacia una utilización prudente de los recursos naturales.

El mantenimiento del capital natural se integra en la necesaria conservación de la diversidad biológica. A mayor variedad biológica, mayor conservación del patrimonio natural global.

El artículo 1 del Convenio sobre la Diversidad biológica (1992), establece, "Los objetivos del presente Convenio, que se han de perseguir de conformidad con sus disposiciones pertinentes, son la conservación de la diversidad biológica, la utilización sostenible de sus componentes y la participación justa y equitativa en los beneficios que se deriven de la utilización de los recursos genéticos, mediante, entre otras cosas, un acceso adecuado a esos recursos y una transferencia apropiada de las tecnologías pertinentes, teniendo en cuenta todos los derechos sobre esos recursos y a esas tecnologías, así como mediante una financiación apropiada."

Evidentemente el tejido jurídico ambiental se deberá apoyar, con carácter necesario e imprescindible, en pilares básicos tales como educación, solidaridad, información y participación pública.

Este Principio está también relacionado con el carácter conservacionista de las actuaciones y, muy particularmente, con las importantes acciones emprendidas y llevadas a cabo por la Unión Mundial para la Naturaleza (IUCN). Igualmente, se vincula con el Principio de nivel de acción más adecuado al espacio a proteger, pues en tanto las acciones sean correctas y acertadas, contribuirán a mantener el capital natural.

9. POLITICA AMBIENTAL COMUNITARIA

"*El futuro dependerá no sólo de las decisiones políticas y de las confrontaciones de poder, sino de la imaginación de mujeres y hombres de talento, de las iniciativas y descubrimientos de los científicos, de los sueños de los poetas y de la esperanza de todos.*"
Declaración Foro Issyk-Kul. Kirghizia

9.1. ORIGEN

La cronología de la conformación de la Unión Europea, puede sintetizarse partiendo de la firma en Washington del Tratado del Atlántico Norte el 4 de abril de 1949. Posteriormente, se sucede la firma de una serie de importantísimos documentos como son el Tratado de Estrasburgo que crea el Consejo de Europa (5 de mayo de 1949), la Declaración de Schuman (9 de mayo de 1950), en la cual se propone poner en común, en una organización abierta a todos los países de Europa, los recursos de carbón y de acero de la República Federal de Alemania y de Francia, y el Tratado de París (18 de abril de 1951), que crea la Comunidad Europea del Carbón y del Acero.

Los Tratados de Roma se firman el 25 de marzo de 1957, a través de los que nace la Comunidad Económica Europea y la Comunidad Europea de la Energía Atómica, que entran en vigor el 1 de enero de 1958 integrando a seis países, Bélgica, Francia, Italia, Luxemburgo, Países Bajos y República Federal de Alemania. La Asociación Europea de Libre Comercio (4 de enero de 1960) se integra con Austria, Dinamarca, Noruega, Portugal, Reino Unido, Suecia y Suiza.

En julio de 1962 entra en vigor la política agraria común (PAC), con marcada influencia en las cuestiones ambientales comunitarias. En las últimas décadas la PAC ha tenido una serie de modificaciones y adaptaciones a las nuevas realidades socioeconómicas.

El Tratado de fusión de las tres Comunidades, Comunidad Europea del Carbón y del Acero (CECA), Comunidad Económica Europea

(CEE) y Comunidad Europea de la Energía Atómica (EURATOM), se firma el 8 de abril de 1965; y el 29 de enero de 1966 se firma el Acuerdo de Luxemburgo. Tres países, Dinamarca, Irlanda y el Reino Unido, entran a formar parte de la Comunidad Económica Europea el 1 de enero de 1973.

No es hasta diciembre de 1978 que el Consejo Europeo de Bruselas decide acerca de el establecimiento del Sistema Monetario Europeo que comienza a funcionar el 13 de marzo de 1979.

Grecia ingresa en la Comunidad Económica Europea el 1 de enero de 1981, en tanto que, España y Portugal el 1 de enero de 1986.

El Acta Unica Europea es firmada el 17-18 de febrero de 1986 en Luxemburgo y La Haya, por los doce países miembros de la Comunidad Económica Europea, entrando en vigor el 1 de julio de 1987. Con ella se activa el mecanismo y la dinámica ambiental dentro del espacio comunitario.

La firma del Acuerdo para la creación del Espacio Económico Europeo tuvo lugar en Luxemburgo el 22 de octubre de 1991, entre los siete países que componen la Asociación Europea de Libre Comercio y los países miembros de la Comunidad Económica Europea.

El Tratado constitutivo de la Unión Europea se firma en la ciudad holandesa de Maastricht, el 7 de febrero de 1992.

El 2 de mayo del mismo año se firma en Oporto, el Tratado que establece, a partir de 1 de enero de 1993, un Espacio Económico Europeo formado por diecinueve países.

En enero de 1995 se integran tres nuevos países, Austria, Finlandia y Suecia. Otros, tales como Turquía, Hungría y Polonia, han solicitado su ingreso.

El Tratado de la Unión Europea constituye una nueva etapa en el proceso creador de una Unión cada vez más estrecha entre los pueblos de Europa, en la cual las decisiones serán tomadas de la forma más próxima posible a los ciudadanos.

La Unión tiene su fundamento en las Comunidades Europeas, completadas con las políticas y formas de cooperación establecidas por el Tratado de la Unión Europea. Tiene como misión organizar de modo coherente y solidario las relaciones entre los Estados miembros y entre sus pueblos.

Los objetivos de la Unión Europea se alcanzarán de conformidad a las disposiciones del Tratado de la Unión Europea, en las condiciones y según los ritmos previstos, y en el respeto al carácter subsidiario (principio), tal como se define en el artículo 3 B del Tratado constitutivo.

Asimismo, la Unión Europea debe tener un marco institucional único que garantice la coherencia y continuidad de las acciones llevadas a cabo para alcanzar sus objetivos.

En particular, la Unión Europea debe velar por mantener la coherencia del conjunto de su acción exterior en el marco de sus políticas de relaciones exteriores, en el ámbito de la seguridad, de la economía y del desarrollo sostenible.

El Consejo y la Comisión tienen la responsabilidad de garantizar dicha coherencia, asegurando cada cual conforme a sus competencias, la realización de tales políticas.

9.2. ACTOS COMUNITARIOS

Los tiempos actuales se caracterizan, a diferencia de los pretéritos, por la existencia desde hace algunas décadas de una serie de circunstancias, que han favorecido y multiplicado las agresiones al ambiente. La capacidad tecnológica de las actividades humanas evoluciona hacia formas más severas de degradación ambiental general.

La demanda de una adecuada política ambiental suele surgir en la mayoría de los pueblos con posterioridad a etapas de fuerte e intenso desarrollo, y como directa o indirecta consecuencia de una apreciable degradación del medio debida, especialmente, a una marcada falta de criterios de gestión y protección del entorno en etapas anteriores.

Los actos comunitarios vienen relacionados en el artículo 189 del Tratado de la Unión Europea, en el Capítulo II relativo a las disposiciones comunes a varias instituciones -este artículo ha sido modificado por el Tratado de la Unión-, "Para el cumplimiento de su misión, el Parlamento Europeo y el Consejo conjuntamente, el Consejo y la Comisión adoptarán Reglamentos y Directivas, tomarán Decisiones y formularán Recomendaciones o emitirán Dictámenes, en las condiciones previstas en el presente Tratado. El Reglamento tendrá un alcance general. Será obligatorio en todos sus elementos y directamente aplicable en cada Estado miembro. La Directiva obligará al Estado miembro destinatario en cuanto al resultado que deba conseguirse, dejando, sin embargo, a las autoridades nacionales la elección de la forma y de los medios. La Decisión será obligatoria en todos sus elementos para todos sus destinatarios. Las Recomendaciones y los Dictámenes no serán vinculantes."

De este artículo se desprenden dos categorías de actos atribuidos a la competencia del Consejo y de la Comisión; por un lado están los actos normativos, de aplicación directa (Reglamentos) y de aplicación indirecta (Directivas), por otro lado, se encuentran los actos administrativos (Decisiones, Recomendaciones, Dictámenes).

9.2.1. Reglamentos

Las características más destacables de los Reglamentos son:

1) Alcance general.

2) Obligatoriedad en todos sus elementos, se prohíbe a los Estados cualquier aplicación incompleta o selectiva. El Tribunal de Justicia ha expresado en una Sentencia, "Si aparecen dificultades en la fase de ejecución de un acto comunitario, ello no permitirá la dispensa unilateral de un Estado miembro del cumplimiento de sus obligaciones, y un Estado miembro no podrá alegar disposiciones o prácticas de orden interno para justificar el desacato de las obligaciones y plazos que resulten de Reglamentos comunitarios." Las normas internas de ejecución no tienen que incorporar innovaciones de tipo alguno, sino concretar la regulación comunitaria e introducir las adaptaciones necesarias en su normativa interna.

3) Aplicabilidad directa en cada Estado miembro, lo cual implica que no existe interposición normativa nacional y, por tanto, tiene vigencia automática en todos los países miembros. De allí que produzca derechos y obligaciones a los Estados en todas sus instituciones, órganos y particulares. Una Sentencia al respecto dice, "Son contrarias al Tratado todas las modalidades que pudieran obstaculizar el efecto directo de los Reglamentos comunitarios, y comprometer así su aplicación simultánea y uniforme en el conjunto de la Comunidad."

El Reglamento entra en vigor simultáneamente y de modo uniforme en todo el ámbito territorial de la Comunidad.

El nacimiento de los derechos individuales que se generan a partir de un Reglamento, no depende de medidas que tomen los Estados, sino que nace directamente de su propia naturaleza.

9.2.2. Directivas

En las Directivas se suelen regular temas específicos, establecer normas y límites técnicos, así como condiciones de aplicación y su fin es armonizar las legislaciones. Sus características son:

1) Su alcance no es general, sólo vinculan a los destinatarios, puesto que la aplicación nacional de las mismas tiene efecto directo sobre el sujeto destinatario.

2) Es obligatoria en cuanto al resultado que deba conseguirse, se deja libertad a las autoridades nacionales en cuanto a la elección de los medios y formas de conseguir el fin. Es decir, disponen de libre elección del acto jurídico en cuanto a la transposición de la normativa (Ley, Decreto, Orden) y de los medios y formas para su aplicación. En las Directivas no hay una obligación de medios, sino de resultados.

3) Su aplicabilidad, en principio, no es directa. En este sentido el Tribunal ha admitido en ciertas situaciones que las Directivas sí poseen efecto directo, lo cual eliminaría diferencias con los Reglamentos. Este caso suele tener lugar debido a incumplimiento de plazos señalados para su ejecución y a la claridad de las obligaciones contenidas en ella.

Son actos normativos de obligatorio cumplimiento para los Estados miembros destinatarios, e implican a éstos en actuaciones internas tanto normativas como administrativas.

Pueden clasificarse según:

1) El emisor, lo que se desprende del Art.189 del Tratado, puesto que allí se indica quienes pueden dictar tales actos comunitarios. Por tanto, puede hablarse de Directivas del Consejo, emitidas por éste con independencia de por quién hayan sido propuestas, y de Directivas de la Comisión.

2) Su ámbito temático, clasificación que puede resultar amplísima dada la gran variedad de funciones que tiene la Comunidad. No obstante una aproximación puede ser: generales, aquellas que repercuten sobre todos los temas ambientales -EIA, información-, y particulares, vinculadas con la Naturaleza, fauna, flora, medio acuático, atmósfera, ruidos, residuos.

3) Su grado de aplicabilidad en otras Directivas, lo que no significa que tengan diferente valor jerárquico normativo, pues todas

obligan por igual. En este caso las hay generales, principales o marco (que dan lugar a una "descendencia" posterior de Directivas), sectoriales, derivadas o puntuales (descienden de las marco) y mixtas. Estas últimas gozan de las características de las dos anteriores, parte del articulado sería marco (puesto que influyen directamente en otras Directivas), y otra parte sería puntual (con disposiciones concretas a aplicar en un sector).

Las Directivas imponen a cada Estado destinatario las siguientes obligaciones:

1) Necesidad de adaptar la legislación, las estructuras administrativas y los procedimientos nacionales.

2) Necesidad de poner en práctica esas normas y procedimientos.

3) Necesidad de asegurar que la calidad del medio cumpla los fines o requisitos que se establecen en la Directiva.

4) Información que los Estados deben facilitar a la Comisión, para que ésta pueda ejercer control sobre lo anterior.

9.2.3. Decisiones

Las Decisiones se caracterizan por:

1) Obligatoriedad expresa para sus destinatarios, sea Estado, empresa o particular.

2) Obligatoriedad en todos sus elementos, en general si el destinatario es un Estado, éstos para su cumplimiento deben desarrollar alguna normativa. La Decisión sólo deja capacidad de actuación en cuanto a la forma jurídica, pero no en cuanto a los medios a emplear para conseguir el resultado previsto.

3) No tienen alcance general, sólo deben ser cumplidas por sus destinatarios, por ello se les atribuye carácter de acto individual, aunque en algunos casos puedan ser destinatarios más de un Estado, persona o empresa. Se diferencian sustancialmente con los Reglamentos, al tener que ser cumplidas sólo por los destinatarios.

Las Decisiones han sido utilizadas dentro de la legislación ambiental para la constitución de comisiones y programas de trabajo, y para autorizar a la Comisión a la firma de acuerdos internacionales. Son actos que normalmente se emplean como medio de comunicación directa entre las instituciones comunitarias y sus destinatarios.

Genéricamente se utilizan para imponer sanciones por incumplimiento de normas jurídicas comunitarias, pero en el caso específico de las cuestiones ambientales, se utilizan para la consecución de fines concretos como, por ejemplo, celebración de convenios y adopción de programas plurianuales.

9.2.4. Dictámenes - Recomendaciones

Los Dictámenes recogen la opinión de diversas instituciones comunitarias en temas específicos. Las Recomendaciones pueden servir, a veces, como instrumentos técnicos de acción indirecta para intentar aplicar una determinada política.

En síntesis, las Directivas deben ser adaptadas en los plazos que ellas mismas establecen, los Reglamentos, Decisiones y Resoluciones se aplican directamente y son obligatorias, y los Dictámenes y Recomendaciones se toman en consideración y carecen de carácter obligatorio.

9.3. PROGRAMAS DE ACCION

La Política de la Comunidad en el ámbito del ambiente contribuirá a alcanzar los siguientes objetivos: a) la conservación, la protección y la mejora de la calidad del ambiente; b) la protección de la salud de las personas; c) la utilización prudente y racional de los recursos naturales; d) el fomento de medidas a escala internacional destinadas a hacer frente a los problemas regionales o mundiales del ambiente.

Además, la política de la Comunidad en materia ambiental, tendrá como objetivo alcanzar un nivel de protección elevado, teniendo presente la diversidad de situaciones existentes en las distintas regiones de la Comunidad.

"Se basará en los principios de cautela y de acción preventiva, en los principios de corrección de los atentados al medio ambiente, preferentemente en la fuente misma, y en el principio de quien contamina paga. Las exigencias de la protección del medio ambiente deberán integrarse en la definición y en la realización de las demás políticas de la Comunidad." (Tratado de la Unión Europea Art.130.R)

La Comunidad tendrá en cuenta en la elaboración de su política ambiental los datos científicos y técnicos disponibles, las condiciones del medio en las distintas regiones de la Comunidad, las ventajas y las cargas que puedan resultar de la acción o de la falta de acción, el desarrollo económico y social de la Comunidad en su conjunto y el desarrollo equilibrado de sus regiones.

El artículo 130.S.2 establece que, de conformidad con los mandatos del Tratado, el Consejo adoptará, "disposiciones esencialmente de carácter fiscal; medidas de ordenación territorial y de utilización del suelo con excepción de la gestión de los residuos y las medidas de carácter general, así como medidas relativas a la gestión de los recursos hídricos; medidas que afecten de forma significativa a la elección por un Estado miembro entre diferentes fuentes de energía y a la estructura general de su abastecimiento energético."

La política ambiental comunitaria se organiza básicamente en torno a distintos Programas de acción en materia de ambiente, a través de los cuales se pretende compatibilizar:

1) La unidad de la acción comunitaria con las diversidades existentes entre los Estados miembros.

2) La coherencia de acciones y mayor efectividad dentro de un programa común.

3) La compatibilización de la obligatoriedad del Derecho comunitario con la necesaria flexibilidad y respeto a la soberanía de los Estados.

En cuanto a los Programas de acción, existe cierta afinidad entre el Primero y Segundo, así como entre el Tercero y Cuarto.

El Primero establece principios y objetivos orientados, preferentemente, a aspectos correctores de la lucha contra la contaminación en el aire y el agua.

En el Segundo, además de reiterarse y profundizar en los aspectos del Primero, se introduce un importante y ambicioso capítulo dedicado al ruido.

El Tercero brinda al ambiente un carácter global y sistémico, y propugna la incorporación de la política ambiental en las demás, resalta la importancia de los aspectos preventivos, la utilización racional de los recursos naturales y del espacio, y da entrada al postergado sector del suelo.

El Cuarto, reitera la necesidad de concebir al ambiente como un componente esencial de las políticas, de favorecer una política ambiental de transparencia informativa, alto nivel de protección de los recursos, mayor participación pública, biotecnología, agricultura biológica, entre otras.

El Quinto Programa (1993-2000) ha partido de un planteamiento diferente al que se siguió en los cuatro anteriores, porque:

1) Se basa en el Principio de prevención, puesto que se centra en los agentes y actividades que agotan los recursos naturales y causan otros daños al ambiente, en lugar de esperar que surjan los problemas (prevención).

2) Tiene por objeto modificar las pautas sociales de comportamiento, a través de la participación activa de todos los sectores de la sociedad, incluidas las Administraciones públicas, las empresas públicas y privadas y la población en general como ciudadanos consumidores (participación).

3) Intenta cambiar las actuales prácticas nocivas (cambio de actitudes).

4) Insiste en que la responsabilidad deberá compartirse mediante una gama más amplia de instrumentos (responsabilidad).

Ello implica la necesidad de considerar las cuestiones ecológicas a la hora de: formular y aplicar políticas económicas y sectoriales; elaborar decisiones los poderes públicos; dirigir y desarrollar procesos de producción; expresar actitudes, comportamientos y elecciones personales; dialogar eficazmente mediante una actuación concertada; requerir información objetiva y fiable.

Este Programa considera las situaciones de las diferentes regiones de la Comunidad, en particular las menos prósperas, en las cuales tiene por objeto proteger y aumentar sus ventajas, a fin de lograr prosperidad y desarrollo económico y social.

El objetivo para las regiones más desarrolladas de la Comunidad, se centra en la restauración y mantenimiento del ambiente y sus recursos naturales.

Insiste en la importancia de la calidad de la información sobre ambiente para los distintos agentes, entre los cuales incluye a la opinión pública. En este aspecto la función de la Agencia Europea del Ambiente es fundamental, para evaluar y difundir la información base de decisiones y actividades que pueden repercutir en el medio. En cuanto a la educación ambiental, señala que debería formar parte de los planes de estudio desde la enseñanza primaria.

Contempla distintos temas, campos de actuación y sectores, que han sido especialmente seleccionados.

Desarrolla una serie de temas que, si bien no constituyen un listado exhaustivo, sí revisten especial gravedad por su dimensión comunitaria, puesto que repercuten de forma directa y determinante en la calidad y condición ambiental de casi todas las regiones integradas en la Comunidad Europea:

1) Acidificación y contaminación de la atmósfera.

2) Cambio climático.

3) Deterioro del ambiente urbano y de las zonas costeras.

4) Merma de los recursos naturales.

5) Merma de la diversidad biológica.

6) Reducción y contaminación de los recursos hídricos.

7) Residuos.

A nivel comunitario, y con la intención de alcanzar mejoras o cambios patentes durante la vigencia de este Programa, se dará prioridad a determinados campos de actuación, sin descuidar otras cuestiones de importancia o situaciones que pudieran surgir durante su vigencia:

1) Gestión sostenible de los recursos naturales: aguas, suelos, espacios naturales y zonas costeras.

2) Mayor salud y seguridad pública, con especial insistencia en la evaluación y gestión de riesgos industriales, seguridad nuclear y protección contra radiaciones.

3) Gestión más eficaz de los transportes, tomando decisiones que conduzcan a ubicaciones y modos de transportes más racionales y eficaces desde el punto de vista ecológico.

4) Lucha integrada contra la contaminación y reducción del volumen de residuos.

5) Adopción de medidas coherentes dirigidas a aumentar la calidad del ambiente urbano.

6) Menor consumo de energías no renovables.

Se han seleccionado cinco sectores: **industria, energía, transporte, agricultura y turismo**, en los cuales la Comunidad como tal desempeña un papel preponderante.

Estos sectores tienen y originan problemas que pueden resolverse con más eficacia a nivel comunitario. Por su misma naturaleza pueden desempeñar un papel decisivo en la consecución de un desarrollo sostenible, y sus efectos potenciales o reales sobre el ambiente son especialmente graves.

En el sector **industria** la nueva estrategia se inclina a fomentar una actuación en colaboración y diálogo con ésta, más que a implementar medidas que tiendan a impedir o prohibir una determinada actividad industrial.

Las medidas sobre ambiente que se han venido adoptando tendían a ser de carácter prohibitivo, insistiéndose más en impedir una determinada actuación que en fomentarla en colaboración.

Los tres pilares sobre los que se sustenta la relación industria y ambiente son:

1) Gestión de recursos más adecuada que tienda a racionalizar su consumo y a mejorar su posición competitiva.

2) Información para conseguir que los consumidores elijan mejor y, a la vez, aumente la confianza de la opinión pública en las actividades y controles de la industria y en la calidad de los productos.

3) Normas comunitarias aplicables a productos y procesos de fabricación.

En el sector **energía** los objetivos fundamentales hasta el año 2000 son los siguientes:

1) Aumento del rendimiento energético.

2) Desarrollo de programas tecnológicos estratégicos, con los cuales se consiga consumir menos combustibles fósiles, (uso de energías alternativas).

Los instrumentos imprescindibles para alcanzar los objetivos fijados son:

1) Información, educación y formación de los usuarios finales.

2) Acuerdos con la industria en materia de rendimiento.

3) Códigos de conducta adoptados por los agentes implicados.

4) Instrumentos económicos y fiscales.

5) Promoción de las energías renovables.

6) Normas de rendimiento energético aplicables a máquinas, productos y vehículos.

7) Normas de aislamiento de edificios.

8) I+D (Investigación y Desarrollo) de nuevas tecnologías sobre energía, fomento de su incorporación y uso de las mismas.

9) I+D sobre energías renovables (biomasa).

Dentro del sector **transporte** los indicadores señalan que la Comunidad se dirige hacia una situación en la que el rendimiento tenderá a ser menor y mayor la congestión, contaminación, pérdidas de tiempo y de valor, daños a la salud, riesgos para la vida y pérdidas económicas generales.

Por tanto, una estrategia que se oriente al desarrollo sostenible, exige una combinación de medidas, tales como:

1) Planificación económica y de los usos del suelo más adecuada a nivel local, regional, nacional e internacional.

2) Planificación, gestión y utilización más adecuada de los servicios e infraestructuras de los transportes.

3) Desarrollo del transporte público y mejora de su situación competitiva respecto al vehículo privado.

4) Perfeccionamiento técnico continuo de vehículos y combustibles.

5) Promoción del uso de combustibles menos contaminantes (alternativos).

6) Uso más racional, desde el punto de vista ecológico, de vehículos privados.

7) Uso generalizado de gasolina sin plomo en el año 2000.

8) Inversiones en infraestructuras.

9) Impedimentos al tráfico de camiones en las ciudades.

En el sector **agricultura**, los cambios en las prácticas agrarias de muchas regiones de la Comunidad, han derivado en la explotación excesiva junto a la degradación de los recursos naturales de los que, en última instancia, depende la propia agricultura. Paralelamente han aparecido problemas graves como resultado del exceso de producción agraria (excedentes), la despoblación del medio rural, el abandono de tierras y cultivos, el cultivo de especies forestales de crecimiento rápido, el presupuesto comunitario y el comercio internacional.

En relación a la agricultura y la silvicultura, los objetivos planteados a largo plazo, son:

1) Mantener los procesos naturales básicos indispensables para un sector agrario sostenible, especialmente mediante la conservación de los recursos genéticos, edáficos e hídricos.

2) Reducir el uso de productos químicos hasta que dejen de afectar a cualquiera de los procesos naturales.

3) Equilibrar la cantidad de nutrientes que reciben suelos y vegetales, y aumentar la capacidad de absorción.

4) Gestionar el medio rural de forma tal que se mantengan la diversidad biológica y los hábitats naturales, y se reduzcan al mínimo los riesgos naturales (erosión, aludes) y los incendios.

5) Optimizar los bosques para que puedan realizar todas sus funciones.

El sector **turismo** constituye también una importante fuente de ingresos para muchas regiones y ciudades de la Comunidad. Es, además, claro ejemplo de la estrecha relación existente entre desarrollo económico y ambiente. Según previsiones de la OMT (Organización Mundial del Turismo), la actividad turística va a aumentar considerablemente a lo largo de la presente década hacia y desde Europa.

Este aumento se registrará sobre todo en la región mediterránea y en tipos concretos de localidades (ciudades y pueblos históricos, zonas costeras, de montaña). El Plan Azul para el Mediterráneo del Programa de Naciones Unidas para el Medio Ambiente (PNUMA) ha estimado que, por lo menos, va a duplicarse el volumen de residuos sólidos y aguas residuales generadas por el turismo en el año 2000 y que, probablemente, va a duplicarse también el suelo ocupado por viviendas para turistas.

Los principales objetivos del Programa para el sector turismo son:

1) Diversificación de las actividades turísticas, con gestión más adecuada del fenómeno del turismo de masas y el fomento de otros tipos de turismo.

2) Calidad de los servicios turísticos, por medio de información y sensibilización, técnicas de gestión y servicios a visitantes.

3) Comportamiento de los turistas, a través de campañas en los medios de información, códigos de conducta, elección del medio de transporte.

Por otra parte, este Quinto Programa amplía también la gama de instrumentos con un abanico de posibilidades, puesto que los anteriores Programas se habían basado casi exclusivamente en medidas legislativas:

Instrumentos legislativos

Creados para fijar niveles básicos de protección de la salud pública y el ambiente, especialmente en aquellos casos que implican altos riesgos, y para fijar compromisos internacionales de ámbito mayor y elaborar normas y estándares comunitarios necesarios para mantener la integridad del mercado interior.

Instrumentos de mercado

Estos están dirigidos a sensibilizar a fabricantes y consumidores mediante la aplicación de incentivos y elementos disuasorios económicos y fiscales, para que utilicen los recursos naturales con responsabilidad, evitando la contaminación y la producción innecesaria de residuos.

Al fijar correctamente los precios, los bienes y servicios menos nocivos para el ambiente no se encontrarán en el mercado en situación desventajosa frente a competidores que despilfarran recursos o contaminan.

Instrumentos horizontales de apoyo

Estos instrumentos incluyen más información básica y estadística (información al público y al consumidor), investigación científica y desarrollo tecnológico (tecnologías menos contaminantes), mejor planificación sectorial y territorial, educación y formación profesional continua.

Mecanismos de asistencia financiera

Además de las líneas presupuestarias con objetivos directos en materia de ambiente (Life, Fondos Estructurales), el nuevo Fondo de Cohesión, tiene por objeto financiar proyectos de mejora ambiental en España, Grecia, Portugal e Irlanda.

El Quinto Programa también hace referencia a tres grupos de diálogo que fomentarán en la práctica la responsabilidad compartida entre los principales agentes, y controlarán que la aplicación de las medidas se realice con eficacia y transparencia. Estos tres grupos son: a) Foro Consultivo General, b) Red de Ejecución, c) Grupo de Examen de la Política Ambiental.

9.4. INSTITUCIONES DE LA COMUNIDAD

Como marco de referencia y comprensión general de la política ambiental comunitaria, es necesario mencionar las Instituciones de la Comunidad Europea. Estas son, por una parte, el Consejo Europeo y, por otra, los órganos constitutivos de la Comunidad Europea, el Parlamento Europeo -denominado Asamblea-, el Consejo -igualmente conocido como Consejo de Ministros-, la Comisión, el Tribunal de Justicia y, a partir de la entrada en vigor del Tratado de la Unión Europea, el Tribunal de Cuentas. A éstas se agregan los llamados órganos auxiliares, Comité Económico y Social, Comité de las Regiones, y Banco Europeo de Inversiones.

Entre estas Instituciones, el Tribunal de Justicia y el Parlamento, desde el principio han sido comunes a las tres Comunidades. Así se estableció en un acuerdo entre los seis miembros originarios que fue firmado en 1957, al mismo tiempo que los Tratados de Roma.

Una década posterior, en julio de 1967 se completó la fusión de las Instituciones mediante el "Tratado que constituye un Consejo único y una Comisión única de las Comunidades Europeas" (Tratado de fusión). Desde ese momento, las tres Comunidades tienen la misma estructura institucional.

Primeramente es obligado una breve referencia al Consejo Europeo. Este es el órgano director de la cooperación política, siendo de capital importancia para la dirección global de la Comunidad. Tiene su origen en las cumbres de Jefes de Estado o de Gobierno de los Estados miembros.

En 1987 el Acta Unica Europea incorpora formalmente el Consejo Europeo en la estructura institucional de la Comunidad Europea. Es decir, ha sido creado en 1974, pero no se incorpora en los Tratados hasta el Acta Unica Europea.

La función propia del Consejo Europeo consiste en fijar las directrices políticas generales de la Unión Europea, con vistas tanto a las Comunidades Europeas como a la cooperación política europea. La realización de sus tareas en el marco de la Comunidad Europea se traduce en la toma de decisiones de principio o la formulación de propuestas, para que las debata el Consejo o los representantes de los Gobiernos de los Estados miembros reunidos en el Consejo.

De esta manera, a través del Consejo Europeo, se ha estimulado la unión económica y monetaria, cuestiones relativas a la adhesión de otros países, la elección directa del Parlamento Europeo, y actividades de carácter político y social. También, existe la posibilidad de que el Consejo Europeo adopte actos de Derecho comunitario jurídicamente vinculantes.

Por otro lado, en el ámbito de la cooperación política europea, la misión del Consejo Europeo consiste en coordinar la política exterior de los Estados miembros, y en adoptar posiciones sobre cuestiones de política internacional.

El Consejo Europeo debe dar a la Unión Europea los impulsos necesarios para su desarrollo y definir sus orientaciones políticas generales.

Está compuesto por los Jefes de Estado o de Gobierno de los Estados miembros, así como por el Presidente de la Comisión, asistidos por los Ministros de Asuntos Exteriores de los Estados miembros y por un miembro de la Comisión. Se reunirá al menos dos veces al año, regularmente a final de cada semestre, bajo la presidencia del Jefe de Estado o de Gobierno del Estado miembro que ejerza la presidencia del Consejo. Presentará al Parlamento

Europeo un informe después de cada una de sus reuniones. Igualmente, presentará un informe escrito anual sobre los progresos realizados por la Unión Europea.

El Parlamento Europeo, el Consejo, la Comisión y el Tribunal de Justicia ejercerán sus competencias en las condiciones y para los fines previstos, por una parte, en las disposiciones de los Tratados constitutivos de las Comunidades Europeas y de los Tratados y actos subsiguientes que los han modificado o completado y, por otra parte, en las demás disposiciones del Tratado de la Unión Europea.

9.4.1. Parlamento Europeo

El Parlamento Europeo es elegido por los ciudadanos de los Estados miembros por sufragio universal directo.

El Tratado de la Unión Europea firmado en Maastricht (1992) refuerza los poderes del Parlamento Europeo atribuyéndole un derecho de evocación, o sea, la posibilidad de solicitar a la Comisión que haga propuestas legislativas. Asimismo, el Tratado de la Unión Europea generaliza el procedimiento de cooperación legislativa entre el Parlamento y el Consejo de Ministros.

Este procedimiento de cooperación, que consiste esencialmente en que el Parlamento Europeo realice una segunda lectura de la legislación comunitaria, refuerza hasta cierto punto la influencia del Parlamento Europeo en el proceso decisorio de la Unión Europea, en lo que respecta a las medidas fundamentales que se adopten para el establecimiento del mercado interior.

Introduce, además, un procedimiento de codecisión con el Consejo en algunas materias como, por ejemplo, programas plurianuales ambientales, programa marco de investigación o legislación sobre mercado interior.

Este importante Tratado ha fortalecido el poder de control del Parlamento Europeo sobre la Comisión, abre la posibilidad de crear comisiones de investigación y refuerza sus mecanismos y medios de acción, con el derecho de petición y el mayor número de supuestos en los que se requiere su dictamen conforme, como por ejemplo aquellos casos de decisión sobre el ingreso de nuevos países miembros o sobre Fondos Estructurales.

El Parlamento Europeo dispone de poderes de control sobre la Comisión pero no sobre el Consejo. El Consejo es sólo sometido a control parlamentario en la medida que cada uno de sus miembros, en calidad de Ministro nacional, es controlado por el Parlamento de su país.

El artículo 138.E.1 del Tratado de la Unión Europea establece la figura del Defensor del Pueblo nombrado por el Parlamento Europeo, aquél "estará facultado para recibir las reclamaciones de cualquier ciudadano de la Unión o de cualquier persona física o jurídica que resida o tenga su domicilio social en un Estado miembro, relativas a casos de mala administración en la acción de instituciones u órganos comunitarios, con exclusión del Tribunal de Justicia y del Tribunal de Primera Instancia en ejercicio de sus funciones jurisdiccionales."

El Defensor del Pueblo ejercerá sus funciones con total independencia, no admitiendo ni solicitando instrucciones de organismo alguno. Será nombrado después de cada elección del Parlamento Europeo para toda la legislatura, siendo renovable su mandato. En caso que el Defensor del Pueblo dejare de cumplir las condiciones necesarias para el ejercicio de sus funciones o hubiere cometido una falta grave, a petición del Parlamento Europeo, el Tribunal de Justicia lo podrá destituir.

9.4.2. Consejo

Los fines del Consejo son trabajar por una mayor unidad europea, sostener los principios básicos del parlamentarismo democrático y de los derechos humanos, promover los valores humanos y mejorar las condiciones de vida del ciudadano.

Es en sede de este órgano donde se consigue el compromiso entre los intereses particulares de los Estados miembros y de los de la Unión Europea. Y si bien se defienden principalmente los intereses de los Estados miembros, al mismo tiempo se vela por los objetivos y principios de la Unión Europea.

El Consejo está integrado por un representante de cada Estado miembro con rango ministerial. Estos representantes están facultados para comprometer al Gobierno respectivo de cada Estado miembro. La presidencia se ejercerá por rotación por cada Estado miembro en el Consejo por un período de seis meses siguiendo un orden. Se reunirá por convocatoria de su presidente, a iniciativa de éste, de uno de sus miembros o de la Comisión.

El Consejo es el órgano legislativo superior y es el que adopta las decisiones políticas más importantes. En el caso de la CECA, el

Consejo es un órgano de aprobación, al que sólo se someten algunas decisiones particularmente importantes.

Para preparar los trabajos del Consejo y realizar tareas que éste confíe, se ha establecido un Comité compuesto por los representantes permanentes de los Gobiernos de los Estados miembros. Este Comité es asistido por una Secretaría general.

9.4.3. Comisión

El Tratado de la Unión no ha modificado la posición institucional de la Comisión, pero ha incorporado un artículo que establece que, a partir de 1995 se nombrará la Comisión por un período coincidente con el de la legislatura del Parlamento Europeo. La Comisión se compone por miembros elegidos en razón de su competencia general y que ofrezcan garantías plenas de independencia. Estos miembros son nombrados por un período de cinco años, y mandato renovable. Por unanimidad, el Consejo, podrá modificar el número de miembros de la Comisión.

Además de los casos de renovación periódica y fallecimiento, el mandato de los miembros de la Comisión concluirá individualmente por cese o dimisión voluntaria. El interesado será sustituido por un nuevo miembro nombrado de común acuerdo por los Gobiernos de los Estados miembros, por el tiempo que falte para terminar su mandato. El Consejo por unanimidad podrá decidir que no ha lugar a tal sustitución.

En el artículo 155 del Tratado de la Unión Europea se detallan las funciones de la Comisión. "Con objeto de garantizar el funcionamiento y desarrollo del mercado común, la Comisión: velará por la aplicación de las disposiciones del presente Tratado, así como de las disposiciones adoptadas por las instituciones en virtud de este mismo Tratado; formulará recomendaciones o emitirá dictámenes respecto de las materias comprendidas en el presente Tratado, si éste expresamente lo prevé o si la Comisión lo estima necesario; dispondrá de un poder de decisión propio y participará en la formación de los actos del Consejo y del Parlamento Europeo en las condiciones previstas en el presente Tratado; ejercerá las competencias que el Consejo le atribuya para la ejecución de las normas por él establecidas."

Por tanto, las funciones de la Comisión se sintetizan en ser el motor de la política comunitaria, la guardiana de la aplicación de los Tratados comunitarios, la representante de los intereses de la Unión

Europea, y órgano ejecutivo, aunque en un marco limitado. Es ante todo el motor de la política de la política comunitaria, puesto que en ella se origina toda la acción de la Unión Europea. Es la Comisión la que presenta al Consejo las proposiciones y proyectos de reglamentación comunitarios, constituyendo ésto el llamado derecho de iniciativa de la Comisión. Por ello, en la realización de tal función la Comisión está obligada a actuar cuando así lo exigen los intereses comunitarios, pudiendo el Consejo pedir a la Comisión que le someta proposiciones y proyectos.

En cuanto a la función de custodia del cumplimiento de los Tratados comunitarios, la Comisión vela por la aplicación de las disposiciones de los Tratados y de los actos adoptados por las instituciones comunitarias. La Comisión interviene en su calidad de órgano imparcial cada vez que observa algún incumplimiento incluso, y llegado el caso, debe recurrir al Tribunal de Justicia.

También, la Comisión representa los intereses comunitarios, función ésta de intermediario entre los Estados miembros e íntimamente ligada a la de vigilancia del cumplimiento de los mandatos de los Tratados.

La Comisión, en principio, no puede perseguir otros objetivos que aquellos que corresponden a la Comunidad, debiéndose esforzar en lo que a menudo resultan difíciles negociaciones en el seno del Consejo, a fin de hacer prevalecer el interés comunitario y alcanzar soluciones adecuadas.

9.4.4. Tribunal de Justicia

El Tribunal de Justicia tiene como función garantizar el respeto del Derecho en la interpretación y aplicación de los Tratados, así como de las distintas disposiciones jurídicas emanadas tanto de las instituciones como de los órganos comunitarios.

Al Tribunal de Justicia se le atribuyen una serie de funciones, entre otras, la función consultiva en materia jurídica. Puede emitir dictámenes que vinculan a los interesados, sobre los acuerdos que la Comunidad pretende celebrar con Estados u organizaciones internacionales. Mayor importancia reviste su función como órgano jurisdiccional; en este sentido son destacables: procedimiento de infracción de los Tratados (Art.169 CE), recurso de nulidad (Art.173 CE), recurso por omisión (Art.175 CE), procedimiento de indemnización por perjuicios (Art.178 CE), recursos de los funcionarios (Art.179 CE), y procedimiento prejudicial (Art.177).

En este sentido el artículo 177 del Tratado de la Unión Europea establece, "El Tribunal de Justicia será competente para pronunciarse, con carácter prejudicial: a) sobre la interpretación del presente Tratado; b) sobre la validez e interpretación de los actos adoptados por las instituciones de la Comunidad y por el Banco Central Europeo; c) sobre la interpretación de los estatutos de los organismos creados por un acto del Consejo, cuando dichos estatutos así lo prevean."

"Cuando se plantee una cuestión de esta naturaleza ante un órgano jurisdiccional de uno de los Estados miembros, dicho órgano podrá pedir al Tribunal de Justicia que se pronuncie sobre la misma, si estima necesaria una decisión al respecto para poder emitir su fallo. Cuando se plantee una cuestión de este tipo en un asunto pendiente ante un órgano jurisdiccional, cuyas decisiones no sean susceptibles de ulterior recurso judicial de Derecho interno, dicho órgano estará obligado a someter la cuestión al Tribunal de Justicia."

El Acta Unica Europea dio lugar a que por decisión unánime del Consejo se agregara al Tribunal del Justicia un Tribunal de Primera Instancia para conocer en asuntos de determinado tipo.

Por ello, el 24 de octubre de 1988, el Consejo adoptó una Decisión por la que se establecía el Tribunal de Primera Instancia.

Este Tribunal de Primera Instancia no será competente para conocer cuestiones prejudiciales planteadas en virtud del artículo 177. En cuanto a sus miembros, éstos "3. ...serán elegidos entre personas que ofrezcan absolutas garantías de independencia y posean la capacidad necesaria para el ejercicio de funciones jurisdiccionales; serán designados de común acuerdo por los Gobiernos de los Estados miembros por un período de seis años. Cada tres años tendrá lugar una renovación parcial. Los miembros salientes podrán ser nuevamente designados. 4. El Tribunal de Primera Instancia establecerá su reglamento de procedimiento de acuerdo con el Tribunal de Justicia. Dicho reglamento requerirá la aprobación unánime del Consejo." (Art.168.A)

El Tratado de la Unión Europea incorpora la posibilidad para el Tribunal de Justicia de imponer sanciones económicas a los Estados miembros que no cumplan una segunda sentencia condenatoria sobre un mismo caso.

Evidentemente, con esta facultad del Tribunal de Justicia se mejorará la aplicación del Derecho comunitario y de la eficacia de la legislación comunitaria.

9.4.5. Tribunal de Cuentas

El Tribunal de Cuentas europeo fue creado por el Tratado de 22 de julio de 1975, entrando en funciones en Luxemburgo en octubre de 1977.

Se integra por tantos miembros como número sean los países que constituyen la Unión Europea. Los miembros de este Tribunal son nombrados por el Consejo previa consulta al Parlamento Europeo. El período por el cual se los nombra es de seis años.

El Tratado de la Unión Europea elevó el rango institucional del Tribunal de Cuentas, otorgándole mayores poderes para un completo control sobre la legalidad y la conformidad de todos los gastos comunitarios y del sistema financiero de la Unión Europea.

El Tribunal de Cuentas efectúa la fiscalización o control de cuentas, y tiene por funciones examinar los ingresos y los gastos de la Comunidad Europea y controlar la buena gestión del presupuesto.

En este aspecto el Tratado de la Unión Europea establece, "Art.188.C.1. El Tribunal de Cuentas examinará las cuentas de la totalidad de los ingresos y gastos de la Comunidad. Examinará también las cuentas de la totalidad de los ingresos y gastos de cualquier organismo creado por la Comunidad en la medida en que el acto constitutivo de dicho organismo no excluya dicho examen."

"El Tribunal de Cuentas presentará al Parlamento Europeo y al Consejo una declaración sobre la fiabilidad de las cuentas y la regularidad y legalidad de las operaciones correspondientes. 2. El Tribunal de Cuentas examinará la legalidad y regularidad de los ingresos y gastos y garantizará una buena gestión financiera."

9.5. ORGANOS AUXILIARES DE LA COMUNIDAD

9.5.1. Comité Económico y Social

El Comité Económico y Social es un órgano de consulta económico del Consejo y de la Comisión. En él se encuentran representados los diferentes grupos de la vida económica y social, trabajadores, productores, comerciantes, agricultores, empresas de transporte, artesanos y profesiones liberales.

Este Comité ejerce importante influencia en el proceso de toma de decisiones comunitarias, al ser su composición y su misión a la vez política y técnica. Los dictámenes del Comité Económico y Social aportan una valiosa ayuda para la definición de las políticas comunitarias y, a la vez, asocian a la realidad europea los diferentes sectores de la vida profesional que son, en definitiva, los más ligados a los efectos prácticos de las distintas medidas comunitarias.

El Comité comprenderá secciones especializadas para las principales materias contempladas en el Tratado, tales como las sección de agricultura y transporte.

9.5.2. Comité de las Regiones

El Tratado de la Unión Europea crea el Comité de las Regiones, como órgano de carácter consultivo, para que se consideren y tengan en cuenta los intereses de las distintas regiones y entidades locales de la Unión Europea.

Esta creación ha sido el fruto de una antigua aspiración de las regiones y entidades locales europeas, ante sus propios Estados de pertenencia y ante las instituciones comunitarias. Igualmente es el resultado de largas negociaciones con el Parlamento y la Comisión.

Al igual que el Comité Económico y Social, el Comité de las Regiones no puede considerarse en sentido propio un órgano comunitario, puesto que solamente tiene funciones consultivas y no desempeña, como por ejemplo el Consejo, la Comisión y el Tribunal de Justicia, las tareas atribuidas a la Comunidad de forma jurídicamente vinculante.

Está compuesto por representantes de las autoridades regionales y locales de los Estados miembros, nombrados por el Consejo siguiendo un principio de proporcionalidad, a propuesta de los Estados miembros.

El Comité de las Regiones será obligatoriamente consultado por el Consejo o la Comisión en varios ámbitos previstos; por ello, es un órgano consultivo de la Comisión y del Consejo. Entre los ámbitos se encuentra salud pública, medidas de fomento de la cultura, formación, reglamentación básica de los fondos estructurales, disposiciones de aplicación del fondo regional, visto bueno del informe sobre los avances realizados en política de cohesión.

Podrá ser consultado por el Consejo o por la Comisión en los casos previstos en el Tratado, o bien en cualesquiera otros en que una de dichas instituciones lo estimen necesario.

9.5.3. Banco Europeo de Inversiones

El Banco Europeo de Inversiones tiene personalidad jurídica, como instituto financiero necesario para alcanzar y mantener un desarrollo estable y equilibrado. Los miembros del Banco Europeo de Inversiones son los Estados miembros. Su misión principal es conceder préstamos y garantías en todos los sectores económicos, a fin de favorecer a las regiones menos desarrolladas, o bien para la creación de empleo, reconversión de empresas, o para el desarrollo de proyectos que signifiquen interés común a varios Estados miembros.

El artículo 198.E. del Tratado de la Unión Europea establece, "El Banco Europeo de Inversiones tendrá por misión contribuir al desarrollo equilibrado y estable del mercado común en interés de la Comunidad, recurriendo a los mercados de capitales y a sus propios recursos. A tal fin, el Banco facilitará, mediante la concesión de préstamos y garantías y sin perseguir fines lucrativos, la financiación, en todos los sectores de la economía, de los proyectos siguientes: a) Proyectos para el desarrollo de las regiones más atrasadas; b) Proyectos que tiendan a la modernización o reconversión de empresas, o a la creación de nuevas actividades necesarias para el progresivo establecimiento del mercado común que, por su amplitud o naturaleza, no puedan ser enteramente financiados con los diversos medios de financiación existentes en cada uno de los Estados miembros; c) Proyectos de interés común a varios Estados miembros que, por su amplitud o naturaleza, no puedan ser enteramente financiados con los diversos medios de financiación existentes en cada uno de los Estados miembros."

9.6. AGENCIA EUROPEA DEL AMBIENTE

La importancia de una información adecuada y permanente en materia ambiental, ha llevado a la creación de la Agencia Europea del Ambiente y de la Red Europea de Información y de Observación Ambiental.

Así pues, es el Reglamento 1210/1990 de 7 de mayo, el que crea esta Agencia con el fin de alcanzar los objetivos de protección y de mejora del ambiente fijados por el Tratado y por los sucesivos programas de acción comunitaria en materia ambiental.

El objetivo de la Agencia Europea del Ambiente es proporcionar información a escala europea a los Estados miembros, para que éstos puedan adoptar las oportunas medidas ambientales preventivas.

La Agencia tiene como funciones, entre otras, proporcionar a la Comunidad y a los Estados miembros la información objetiva necesaria para elaborar y aplicar políticas eficaces y acertadas en materia de ambiente; estimular el intercambio de información sobre las mejores tecnologías disponibles para prevenir o reducir los daños al ambiente; contribuir a garantizar la compatibilidad de los datos relativos al ambiente a escala europea; estimular y favorecer el desarrollo y la aplicación de técnicas preventivas; registrar, cotejar y evaluar los datos sobre el estado del ambiente; elaborar informes de expertos sobre la calidad, la sensibilidad y las presiones que se ejerzan sobre el ambiente en el territorio de la Comunidad; fomentar la integración de las informaciones europeas relativas al ambiente en programas internacionales de vigilancia ambiental; realizar amplia difusión de informaciones fiables sobre ambiente; estimular el desarrollo de métodos de evaluación del coste de los daños causados al ambiente, así como de los costes de las políticas de prevención, de protección y de restauración ambiental.

Los sectores principales de actividad de la Agencia incluirán, siempre que sea posible, todos los elementos que permitan recoger información para poder describir la situación actual y previsible del ambiente, desde puntos de vista tales como la calidad, la sensibilidad y las presiones a que está expuesto el ambiente.

La información suministrada por la Agencia podrá ser directamente utilizada, concediéndose prioridad a sectores como la calidad del aire y las emisiones atmosféricas; la calidad de las aguas, contaminantes y recursos hídricos; el estado del suelo, de la fauna y flora y de los biotopos; el uso del suelo y recursos naturales; la gestión de los residuos; las emisiones sonoras; las sustancias químicas peligrosas para el ambiente y la protección del litoral.

De manera especial atenderá a las situaciones transfronterizas, plurinacionales y globales, como igualmente tendrá en cuenta la dimensión socio-económica.

Los datos proporcionados o comunicados por la Agencia podrán publicarse, y serán accesibles al público siempre que sean conformes a las normas de la Comisión y de los Estados miembros sobre difusión de la información, particularmente en lo que se refiere a la confidencialidad.

La Agencia contará con un Consejo de administración compuesto por un representante de cada Estado miembro y por dos representantes de la Comisión. Igualmente, el Parlamento Europeo nombrará como miembros del Consejo de administración de la Agencia, a dos personalidades científicas con especiales cualificaciones en materia ambiental.

Es importante señalar que la Agencia está abierta a los países que no son miembros de la Unión Europea, pero que comparten interés por los objetivos de la Agencia y por los fines de la Unión y de los Estados miembros en materia de ambiente. La vinculación se llevará a cabo en virtud de acuerdos celebrados entre la Unión Europea y los países interesados.

Esta Agencia coordina también una Red Europea de Información y de Observación Ambiental. Esta debe incluir los principales elementos que componen las redes nacionales de información, los centros de control nacionales y los centros temáticos.

La Red Europea de Información cuenta con sus respectivos centros nacionales de coordinación, pudiendo existir centros temáticos colaboradores para temas específicos a escala regional o europea, sin ámbito geográfico determinado.

Se considera que la recogida, el tratamiento y el análisis de datos sobre el ambiente a escala europea son necesarios para proporcionar información objetiva, fiable y comparable, que permita adoptar las medidas indispensables para la protección del ambiente, evaluar su aplicación y garantizar al público buena información ambiental.

10. ENSEÑANZA JURIDICO AMBIENTAL

"*Enseñen a sus hijos, que nosotros hemos enseñado a los nuestros, que la Tierra es nuestra madre. Todo lo que le ocurra a la Tierra le ocurrirá a los hijos de la Tierra.*"
Jefe indio Noah Seattle

10.1. OBJETIVOS

La situación de emergencia ambiental en la que se encuentra el planeta, es evidente. Los niveles de contaminación integral a los que se ha llegado difícilmente tengan parecidos; las altísimas tasas de natalidad en los países más pobres, con la consiguiente explosión demográfica descontrolada, el despilfarro ilimitado de recursos naturales, la producción desenfrenada de miles de artículos superfluos, el consumo, la pérdida de valores y la falta de conocimiento respecto a la fragilidad del sistema natural, se deben en gran medida a la escasa información, inadecuada formación y, en muchos casos, ausencia de enseñanza ambiental.

Comprender el maravilloso tejido natural así como sus leyes, y conocer la legislación aplicable y el Derecho ambiental, justifica cualquier tiempo dedicado a este estudio.

Un proceso educativo que integre las más variadas disciplinas científicas, y jurídicas naturalmente, es necesario a fin de sensibilizar informando y formando, para llegar a completar ese conocimiento global imprescindible para la adecuada comprensión y protección del conjunto de bienes ambientales.

La enseñanza jurídico ambiental, al par de ser medida preventiva por excelencia, se constituye en un instrumento indispensable para la conservación y protección de la vida sobre la Tierra.

En primer lugar, como una de las medidas precautoria preventivas fundamentales y, por otro lado, como medio conducente a modificar enfoques y comportamientos erróneos o negativos en todos los niveles, desde el local al internacional, y en todos los sectores de la población mundial.

Los Principios 19 y 20 de la Conferencia de Estocolmo (1972), hacen expresa mención a la necesidad de educación y de investigación, "19. Es indispensable una labor de educación en cuestiones ambientales, dirigida tanto a las generaciones jóvenes como a los adultos y que preste la debida atención al sector de población menos privilegiado, para ensanchar las bases de una opinión pública bien informada y de una conducta de los individuos, de las empresas y de las colectividades inspirada en el sentido de su responsabilidad en cuanto a la protección y mejoramiento del medio en toda su dimensión humana. 20. Se deben fomentar en todos los países, especialmente en los países en desarrollo, la investigación y el desarrollo científicos referentes a los problemas ambientales, tanto nacionales como multinacionales."

Por tanto, el sistema educativo general se convierte en uno de los instrumentos más preciados e importantes, para lograr que las personas se sensibilicen, aprendan y conozcan la Naturaleza, así como las interrelaciones entre los más variados y diversos ecosistemas, y los verdaderos problemas de la dimensión ambiental. Este proceso prepara para la completa comprensión de los principales problemas ambientales.

Sólo de esta manera, el ser humano desarrollará actitudes y pautas de comportamiento acordes a las necesidades del medio. Consecuentemente, estará en condiciones de proteger el entorno por el cual se siente afectado y al cual afecta, y estará capacitado para optar por un enfoque global enraizado en una amplia base preventiva interdisciplinaria.

Entre los principales objetivos del proceso educativo en el campo jurídico ambiental, se encuentra alcanzar una clara comprensión de la concepción global-integral del ambiente y de la estrecha vinculación con el conjunto de recursos naturales, culturales y humanos.

El texto aprobado por la Conferencia de Tbilisi (1977) indica, "Al adoptar un enfoque global, enraizado en una amplia base interdisciplinaria, la educación ambiental crea de nuevo una perspectiva general dentro de la cual se reconoce la existencia de una profunda interdependencia entre el medio natural y el medio artificial."

La misma Conferencia recomendó, "1.7...la educación ambiental debería suscitar una vinculación más estrecha entre los procesos educativos y la realidad, estructurando sus actividades en torno a los problemas del medio ...a través de una perspectiva interdisciplinaria y globalizadora que permita una comprensión adecuada de los problemas ambientales."

La enseñanza ambiental tiende a lograr el reconocimiento de valores vitales, que cumplen funciones específicas dentro del delicado tejido que sostiene la vida. También, tiene como meta alcanzar el conocimiento científico integral necesario para comprender el sensible equilibrio en que se encuentran los distintos recursos naturales, entender sus mecanismos y funcionamiento y, consecuentemente, protegerlos de la forma más adecuada.

Esto último mediante la elaboración, interpretación y aplicación de disposiciones ambientales pertinentes.

En la Recomendación 1, la Conferencia de Tbilisi señala, "Un objetivo fundamental de la educación ambiental es lograr que los individuos y las colectividades comprendan la naturaleza compleja del medio..., y adquieran los conocimientos, los valores, los comportamientos y las habilidades prácticas para participar responsable y eficazmente en la prevención y solución de los problemas ambientales y en la gestión de la cuestión de la calidad del medio [...] 4. Propósito fundamental de la educación ambiental es también mostrar con toda claridad las interdependencias económicas, políticas y ecológicas del mundo moderno, en el que las decisiones y comportamientos de los diversos países pueden tener consecuencias de alcance internacional."

Asimismo, a través de la enseñanza ambiental se pretende desarrollar esa actitud positiva de respeto y solidaridad para con todas las criaturas, incluido el ser humano. La adopción y puesta en práctica de una escala de valores ambientales, y la apreciación ética de la dimensión ambiental, son aspectos compatibles con cualquier tipo de actividad que se desarrolle en el campo de la enseñanza.

El proceso educativo formativo procura que los problemas ambientales puedan captarse de forma inmediata, de modo tal que la falta de percepción ambiental adecuada no interfiera ni entorpezca la adopción de la solución o alternativa más conveniente al problema planteado.

En la práctica, la enseñanza jurídico ambiental pretende, más que un cúmulo de apreciaciones teóricas conceptuales, válidas en tanto necesarias para el entendimiento global de la cuestión ambiental, una auténtica asimilación de la fragilidad del sistema natural.

Otra de sus finalidades es la adquisición de un saber percibir y actuar con suficiente habilidad, para proponer y poner en acción las soluciones y medidas más eficaces propias de la gestión ambiental responsable.

Esta percepción de la realidad, facilitará la tarea del jurista, favoreciendo el dictado de normas prudentes, la adopción de decisiones justas y, en definitiva, permitirá un vínculo más armonioso entre leyes humanas y leyes naturales.

10.2. DECALOGO

Como en cualquier otra ciencia, en enseñanza ambiental y jurídico ambiental en particular, deben asumirse ciertas pautas, directrices o principios que guíen y orienten al educador, a fin de alcanzar una formación completa, sólida y lo más acercada a la realidad.

Estos factores condicionantes pueden ser: conocimiento básico, interdisciplinario, preventivo, sistémico, globalidad, cooperación, información, planificación, continuidad, y participación.

El **conocimiento básico** de la realidad es cuestión fundamental en todas las ramas del saber. En enseñanza jurídico ambiental constituye una herramienta imprescindible, que facilitará las bases ciertas para la elaboración de disposiciones adecuadas.

En la medida que el campo de conocimiento del ambiente se amplíe, tanto más acertadas serán las alternativas de solución a los problemas planteados y, consecuentemente, más adecuada la gestión de los recursos naturales en beneficio directo de su conservación y de la calidad de vida de todos los seres.

El desarrollo del sentido de la observación y el de la crítica científica, que forman parte de los conocimientos básicos, son necesarios para gestar o perfeccionar actitudes ambientales responsables y prudentes.

El componente **interdisciplinario** tiene rol determinante en enseñanza jurídico ambiental. Sin éste no pueden obtenerse resultados científicos responsables, cualquiera sea la materia, situación o actividad que se realice.

La concepción interdisciplinaria sirve de apoyo básico y de enlace directo con un mundo de relaciones en permanente cambio y evolución.

El tratamiento de temas ambientales en general, y la enseñanza jurídico ambiental en particular, requiere del aspecto interdisciplinario como punto de partida, que brindará solidez al desarrollo posterior de cualquier tema y de la formación del destinatario.

La interdisciplinariedad determina un perfil plenamente adecuado para el tratamiento de los diversos problemas ambientales. No queda en la mera reunión de distintos saberes, sino que es la particular compenetración de los conocimientos la que engloba los análisis, aprovechando de cada área del saber el contenido específico.

Es necesario que la búsqueda de la solución o alternativa más adecuada tenga el factor interdisciplinario como punto de partida. En la medida de lo posible es preferible el trabajo en equipo interdisciplinario, a la mera sumatoria de dos o tres disciplinas, a veces inconexas. Interdisciplinariedad significa análisis de problemas o cuestiones ambientales desde diferentes saberes, bajo el estudio distintivo de la comprensión científica y alejado de cualquier intento de suma de saberes aislados.

El factor **preventivo** se engloba en la enseñanza prudente y en grupo interdisciplinario, constituyendo uno de los mayores logros al que debe aspirar la enseñanza jurídico ambiental. Desde siempre es recomendable que se tenga la perspectiva preventiva. De esta manera es muy posible que las conductas y actuaciones futuras tiendan a convertirse, directa o indirectamente, en medios e instrumentos de protección ambiental.

Se requiere la presencia del factor preventivo en el tratamiento y estudio de la problemática ambiental general y particular, concibiendo siempre la alternativa de solución desde la precaución y la prevención en el más amplio sentido y alcance.

El aspecto **sistémico** surge como propiedad intrínseca en la enseñanza jurídico ambiental. Al tratarse de sistemas naturales, no puede menos que abordarse las materias de estudio sobre una base esencialmente sistémica.

El entramado jurídico ambiental debe estar al servicio de los sistemas naturales y, por tanto, ser el reflejo de la realidad a la que va dirigida para tutelar el bien jurídico protegido, el ambiente.

La interconexión entre los diferentes departamentos de enseñanza, así como las relaciones administrativo ambientales verticales y horizontales, deben tener base sistémica para alcanzar los fines propuestos en conservación y protección del medio.

Es prioritaria la perspectiva de **globalidad** en la exposición de los diferentes temas dentro de las actividades educativo formativas, abarcando la totalidad de los aspectos naturales y artificiales.

Generalmente, las disciplinas se estudian de forma sectorial y sin enlace, alejadas de entramados sistémicos; no obstante, son numerosas, sino todas, las disciplinas que se relacionan o pueden vincularse con la enseñanza jurídico ambiental.

Los análisis completos e interconectados desempeñan un papel muy importante, abarcando la totalidad de los temas en las diferentes materias dentro de cada contexto general y particular de estudio.

La integralidad en el tratamiento de los temas ambientales, enlaza directamente con la globalidad, y permite concebir la realidad ambiental en su íntima esencia. Facilita la comprensión y análisis de las distintas situaciones jurídicas, adaptando conocimientos similares a circunstancias análogas aunque particulares de cada caso.

Faculta además, para percibir las realidades de los recursos naturales en los diferentes niveles de actuación (local, regional, nacional, mundial).

La **cooperación** global, integral e interdisciplinaria entre las diferentes ramas del saber es imprescindible, a fin de alcanzar un conocimiento justo y equilibrado de las relaciones entre los distintos recursos naturales y las actividades humanas.

Resulta necesaria la voluntad de cooperación en cualquier objetivo ambiental común, que determine acciones ambientales positivas desde el nivel local al internacional.

Esta confluencia de voluntades cooperativas podrá concretarse mediante acciones eficaces de todas las organizaciones públicas y privadas, nacionales e internacionales, gubernamentales y no gubernamentales, a fin de integrar y aprovechar de la mejor manera posible sus capacidades y esfuerzos en la acción común.

El establecimiento de canales de cooperación integrados en los planes de enseñanza jurídico ambiental, así como el fomento y desarrollo de actitudes, contribuyen particularmente a formar comportamientos responsables.

Es decisiva la **información** y la difusión de conocimientos, tanto generales como específicos. La conciencia ambiental se desarrolla desde determinados niveles de información, a partir de los cuales se va perfilando una conducta positiva y acorde a las necesidades del medio.

La adecuada información genera la conciencia necesaria mediante el conocimiento.

Adquirir conocimientos generales mediante información ayuda especialmente a crear conciencia ambiental, y a optar por la adopción de comportamientos respetuosos con el ambiente. Incluso, la información contribuye notablemente a sensibilizar y a ayudar a desarrollar una apropiada escala de valores.

Por el contrario, la escasa, parcial o inadecuada información conduce, generalmente, a obtener resultados negativos y a percibir una visión distorsionada de la realidad ambiental.

La **planificación** de la enseñanza ambiental debe incorporarse desde los primeros años de estudio, captando los distintos aspectos ambientales y las repercusiones que las actividades humanas y diferentes fenómenos naturales tienen en el ambiente. Dentro de planes de estudio progresivos en dificultad, se plasmará con claridad el complicado tejido jurisdiccional y competencial en cuestiones relativas al ambiente. La planificación en la enseñanza jurídico ambiental requiere de programas comprensivos de las diferentes ramas del saber, donde se plasme la confluencia interdisciplinaria de las diferentes ramas jurídicas y científicas.

Un proceso educativo ambiental coherente necesita mantener **continuidad**, firmeza y cierto grado de solidez permanente, reflejando en algún modo la armonía de los ciclos naturales. De esta manera la percepcion de la realidad se realiza de forma espontánea, respetando en la enseñanza la continuidad propia de los sistemas naturales.

La **participación** en el proceso de enseñanza jurídico ambiental resulta obviamente imprescindible, debiendo motivarse de modo conveniente en todas las fases de formación y especialización.

Cualquiera sea la orientación de estudios realizados, es necesario fomentar la participación en la resolución de problemas ambientales. Las experiencias de aprendizaje resultan más dinámicas y entretenidas cuando hay participación activa de cada uno de los miembros del grupo. Por tanto, a mayor participación tanto más provechosa es la enseñanza jurídico ambiental.

La importancia de la participación ya fue destacada en la Conferencia de Estocolmo (1972), porque es necesario entusiasmo, serenidad de ánimo y trabajo sistemático y afanoso, a fin de llegar a la libertad plena dentro de la Naturaleza.

Por ello, "...será menester que ciudadanos y comunidades, empresas e instituciones, en todos los planos, acepten las responsabilidades que les incumben y que todos ellos participen equitativamente en la labor común."

10.3. INFORMACION, FORMACION, INVESTIGACION

Información, formación e investigación constituyen aspectos fundamentales en Derecho ambiental. "La protección del ambiente y de los recursos naturales precisa de una forma de actuación global que incluya la dimensión social y cultural. La consideración de dicha dimensión específica requerirá la integración en los proyectos y programas de actividades adecuadas de educación, formación, información e investigación." (Convenio de Lomé-1989 artículo 36).

La información ambiental es componente principal de una buena formación ambiental. En este sentido, la información ambiental debería incorporarse en todos los sectores de la sociedad y en todos los niveles, desde la enseñanza primaria a la universitaria y estudios posteriores.

También es oportuno implementar métodos específicos, a fin de hacer llegar esa información de forma más adecuada, considerando especialmente el destinatario de la misma. Además, una buena información ambiental es el camino más idóneo para gestar, desarrollar y poner en práctica actitudes responsables.

Se puede afirmar que la inadecuada orientación en la resolución de problemas de carácter ambiental planteados por la sociedad moderna se debe, en gran medida, a la falta de información pertinente.

En este sentido, la investigación jurídico ambiental se constituye en herramienta indispensable al servicio de la protección del medio pero, también en este campo es imprescindible contar con adecuada información.

La información clara y precisa es absolutamente importante, para lo cual los medios de comunicación deben conocer y comprender la dimensión ambiental, a fin de transmitir y difundir las noticias evitando datos confusos, erróneos o sesgados de la realidad. La excesiva carga de opiniones en la emisión de noticias relacionadas con cuestiones ambientales, así como la falta de imparcialidad en los juicios de valor, contribuyen día a día a dibujar un panorama falto de rigor, alarmista y sensacionalista.

La existencia de fuertes intereses económicos en los medios de comunicación, debe alertar respecto a la necesaria selección de la fuente de información más fiable, entre la amplísima oferta disponible desde hace unos años.

Esta disponibilidad de información estimula la participación activa de la población y de sus representantes, al ser capaces de advertir a tiempo los diferentes síntomas de los problemas ambientales, desarrollar sentido crítico y adquirir las aptitudes necesarias que permitan prevenir situaciones de riesgo ambiental general.

Si informar es fundamental para conocer, y si conocer es proteger, informar adecuadamente contribuye ciertamente a proteger.

Pero de la simple información, que es la acción de hacer público un hecho, dejando libertad al receptor para formar su opinión personal, a la formación científico técnica global en el ámbito de la enseñanza jurídico ambiental, se requieren estructuras formales idóneas de nivel universitario aptas para la formación e investigación en esta materia.

Tanto la información, como la formación e investigación, constituyen herramientas ventajosas que facilitan la difícil tarea de elaborar y aplicar normas jurídico ambientales.

La creación y aplicación de instrumentos legales adecuados a las necesidades del medio, representan un valioso aporte de la investigación jurídica para mantener la estabilidad de los ecosistemas. Estas herramientas jurídicas, permiten la modificación de conductas hacia actitudes más acordes a las exigencias de cuidado y conservación de los bienes ambientales, así como también, orientan y encauzan aquellas posturas extremas adoptadas por particulares u organismos decisores que gestionan la materia ambiental.

La investigación jurídica es, sin lugar a duda, piedra angular de conocimiento y formación, base primaria y fundamento de normas generales y particulares, así como esencia de los más importantes principios jurídico ambientales.

La arqueología jurídica, capítulo significativo de la investigación en particular y de la educación jurídica en general, por sí misma ha sido fuente de inspiración de los más célebres y eruditos pensadores y juristas de la antigua Roma.

Un proceso de desarrollo educativo que contemple la problemática ambiental de forma integral e interdisciplinaria, conducirá a encauzar adecuadamente las conductas hacia metas auténticas de salvaguardia del conjunto de recursos naturales y el mejoramiento de la calidad de vida, tal y como ya lo reconoció la Conferencia de Estocolmo (1972) en el Principio 1, "El hombre tiene el derecho fundamental a la libertad, a la igualdad y al disfrute de condiciones de vida adecuadas en un medio de calidad tal que le permita llevar una vida digna y gozar de bienestar y tiene la solemne obligación de proteger y mejorar el medio para las generaciones presentes y futuras."

Puede asegurarse que la enseñanza ambiental en general es "el resultado de una reorientación y articulación de las diversas disciplinas y experiencias educativas que facilita la percepción integrada del medio ambiente, haciendo posible una acción más racional y capaz de responder a las necesidades sociales." (Conferencia de Tbilisi - 1977 - Recomendación 1.2.)

Por ello, la formación jurídico ambiental en particular, deberá ser el resultado de un armonioso intercambio de conocimientos que permita la comprensión global del ambiente, y haga posible la realización de instrumentos legales convenientes a las necesidades del medio.

En el área de la incipiente formación en temas jurídico ambientales, con cierta habitualidad se confunden los términos, se exponen interminables enumeraciones de leyes, y se ignora la tan necesaria planificación en la exposición de temas. Incluso, se suelen presentar programas alejados de bases científicas y metodológicas, con áreas inconexas y carentes de hilo argumental.

En gran medida el "qué" hay que hacer corresponde al aspecto teórico-conceptual de la enseñanza, perteneciendo el "como" al ámbito práctico de la misma. No obstante, no es del todo conveniente separar ambos extremos, sino que dentro de la dinámica propia de la formación, necesitan complementarse sin estar en compartimientos totalmente divididos.

El punto de partida puede ser el "cómo" y llegar a la explicación de algún término o definición concreta. Igualmente, es posible mediante el "qué" arribar a ejercicios de práctica jurídica simples y comprensivos, en los que intervengan todos los sectores implicados, se utilice terminología adecuada y se apliquen disposiciones jurídico ambientales pertinentes. El doble juego de "qué" y "cómo" puede ser complementado con una serie de interrogantes más, a partir de los cuales la situación jurídico ambiental concreta que se ha presentado, o bien el tema de doctrina, jurisprudencia o leyes que se está tratando, cobra un interés particular despertando una serie de inquietudes, a través de las que se perfilan diferentes matices y niveles dentro del tema expuesto.

Estos puntos primarios de "arranque" (qué-cómo) son complementados con otros tales como dónde, cuándo, por qué. De esta manera se estructura una secuencia progresiva sobre una materia o situación dada, configurando en un desarrollo simple las respuestas básicas a las cuestiones surgidas.

Evidentemente, las técnicas primarias de arranque se ven fuertemente reforzadas con variados ejercicios prácticos, los cuales al par de informar forman. Estas prácticas también deben tener esencia progresiva; es decir, inicialmente se observarán elementos simples en casos sencillos y de fácil percepción y análisis, hasta bajar a niveles de detalle tales que permitan resultados propios de investigaciones jurídicas.

Conocer es proteger. Nada tan simple, ni más difícil de conseguir. Pero resulta esencial aprender a conocer integralmente el medio, a través de la observación, del estudio de los diferentes recursos naturales, el análisis de las características de los ecosistemas y la investigación permanente.

Es necesario despertar inquietudes ambientales desde los más variados puntos de vista. El estudiante de la variable jurídico ambiental debe contar, necesariamente, con un profundo interés por la problemática general del medio que, según crezcan sus conocimientos, desarrollará aún más y de forma integral y comprensiva de la realidad. Ese interés, por pequeño que sea, puede fácilmente ir creciendo a la luz de técnicas atractivas en enseñanza jurídico ambiental.

Los métodos de enseñanza jurídica tradicional pueden adaptarse a las nuevas exigencias. Pero es tarea primordial del educador en general, y del jurídico ambiental en particular, contribuir a la práctica de métodos válidos que, no por nuevos u originales, dejen de poseer un grado suficiente de atracción y dinámica, propia ésta del sistema natural -y por analogía del jurídico- que se pretende conocer para su adecuada protección.

Las normas jurídico ambientales deben responder, con marcado apoyo de respeto y coherencia, a la realidad que van a regular. Por eso quienes tienen la complicada tarea de elaborar y aplicar disposiciones jurídico ambientales, deben conocer adecuadamente dicha realidad, y en este sentido, "corresponde a la educación ambiental dispensar los conocimientos necesarios para interpretar los fenómenos complejos que configuran el ambiente, fomentar aquellos valores éticos, económicos y estéticos que constituyen la base de una autodisciplina, favorezcan el desarrollo de comportamientos compatibles con la preservación y mejoramiento de ese medio, así como una amplia gama de competencias prácticas necesarias a la concepción y aplicación de soluciones eficaces a los problemas ambientales." (Conferencia de Tbilisi - Recomendación 1.6.)

La actualización permanente en la enseñanza jurídico ambiental, fruto directo de la dinámica intrínseca y característica de los procesos naturales que se estudian, es fundamental no sólo en los aspectos básicos, sino también en los diferentes tópicos informativos y didácticos. La enseñanza debe significar siempre el reflejo armónico de un sistema, para lo cual el esfuerzo de los educadores debe ser extremo y comprensivo de la dinámica ambiental.

En la Recomendación 1 de la Declaración de Limoges (1990) se recogen interesantes apreciaciones relacionadas con la enseñanza, investigación y experiencia en Derecho ambiental. Se destaca la necesidad de institucionalizar y reforzar la enseñanza del Derecho ambiental en Universidades de todos los países, desarrollados y en desarrollo, y dirigirla a magistrados, jueces y profesionales ajenos a la ciencia del Derecho. Esta enseñanza, que favorecerá una formación integral más adecuada de juristas y no juristas, tendrá que integrarse en una perspectiva interdisciplinaria y global del ambiente.

Será preciso, además, reforzar la aplicación efectiva de los grandes principios jurídico ambientales, principalmente el de precaución y prevención, información y cooperación internacional.

ANEXOS

"*Tlaltcpac toquichtin tiez*" "*La tierra será como los hombres sean*"
Refrán Nahualt

ANEXO 1. TERMINOLOGIA DE CONSULTA

Dentro del sistema jurídico se utilizan una serie de conceptos básicos para comprender la teoría y aplicación de las distintas normas, por ello resulta conveniente precisar algunos de estos términos jurídicos, y otros técnicos, a fin de aplicarlos de modo correcto al conjunto de problemas jurídico ambientales:

A. Ambiente o medio

C. Capacidad ambiental
   Capacidad jurídica
   Codificación
   Competencia
   Contaminación

D. Daño ambiental
   Deber
   Defectos del sistema jurídico
   Degradación ambiental
   Delito
   Delito ambiental
   Derecho
   Derecho ambiental

E. Ecología
   Ecosistemas

F. Fuentes

H. Hábitat

I. Interpretación

J. Jurisprudencia

L. Legislación ambiental

O. Obligación

P. Pena
Planificación

R. Recursos naturales
Responsabilidad

S. Sanción

V. Validez

Ambiente (entorno o medio)

Sistema de diferentes elementos, fenómenos, procesos naturales y agentes socio-económicos y culturales, que interactúan condicionando, en un momento y espacio determinados, la vida y el desarrollo de los organismos y el estado de los componentes inertes, en una conjunción integradora, sistémica y dialéctica de relaciones de intercambio. Para el análisis, estudio científico y protección jurídica, el ambiente, en razón de su particular complejidad y considerándolo como sistema integrado, se divide en sus principales factores o componentes sectoriales: agua, suelo, atmósfera, paisaje, flora, fauna, y medio socioeconómico y cultural. (51)

También se dice que ambiente es el "Conjunto de las condiciones externas que afectan al comportamiento de un sistema. En particular, conjunto de las condiciones climáticas, edáficas, bióticas, etc., en las que se desarrollan las actividades de los seres vivos." (52)

En tanto que, específicamente, medio es el "Sustrato que soporta y condiciona fenómenos naturales que tienen lugar en su seno." (53)

Capacidad ambiental

Es la aptitud del medio para absorber o neutralizar las modificaciones derivadas del desarrollo de una cierta actividad o proyecto. También derivan de este concepto, entre otros, los de capacidad biogénica, biológica, de acogida, de autodepuración, de carga.

Capacidad jurídica

"Aptitud legal para ser sujeto de derechos y obligaciones, o facultad más o menos amplia de realizar actos válidos y eficaces en Derecho." (54)

Es este el atributo más importante de la persona puesto que consiste, en la aptitud para adquirir derechos y contraer obligaciones, convirtiéndose de este modo en sujeto activo o pasivo de relaciones jurídicas.

La capacidad se clasifica en capacidad de derecho, que es aquella facultad para adquirir derechos y contraer obligaciones, y capacidad de hecho que es la posibilidad de hacer por uno mismo sin requerir la intervención de un representante legal.

Codificación

"Hacer o formar un cuerpo de leyes metódico y sistemático." (55)

Desde la antigüedad han existido códigos teniendo cada uno de éstos sus características que les hacían particular.

"En la historia del Derecho surgen tres grandes épocas de codificación o colección de leyes. La primera es la del Derecho romano debida a Justiniano y que se conoce con el nombre de Corpus juris, compuesto por el Código, el Digesto o Pandectas, las Instituciones, las Novelas y una nueva edición del Código. La segunda corresponde a las codificaciones de la antigua legislación española, cuyos códigos más importantes son: el Fuero Juzgo; el Fuero Viejo de Castilla; el Fuero Real y las Leyes del Estilo; Las Siete Partidas; el Ordenamiento de Alcalá; el Ordenamiento Real; las Leyes de Toro; la Nueva y Novísima Recopilación. Por último, la época tercera sigue a la Revolución Francesa,..." (56)

La paulatina sistematización racional del ordenamiento jurídico es constante y ya Luis XIV, asesorado por expertos en las diferentes ramas del Derecho, sancionó las grandes Ordenanzas sobre aguas y bosques, marina, esclavos de las colonias (conocido como Código Negro), procedimiento civil y criminal, entre otras.

Actualmente los códigos son cuerpos orgánicos sistemáticos de disposiciones jurídicas que no recogen normas anteriores y que regulan sólo una rama del Derecho procurando legislarla de la forma más amplia e íntegra posible.

Competencia

"Aptitud, idoneidad", "Atribución legítima a un juez u otra autoridad para el conocimiento o resolución de un asunto." (57)

Es "una capacidad para obligar jurídicamente a otras personas; o sea, para dictar normas heterónomas. Se es competente para dictar una ley, una sentencia, una ordenanza, que son normas jurídicas que no se refieren, fundamentalmente, al individuo que las dicta.[...] difícilmente se considerará que alguien es competente para autorizar cierta conducta, si no es también competente para prohibirla;" (58)

Es el "presupuesto del proceso consistente en la cualidad de un órgano jurisdiccional que le permite o le exige conocer validamente de un tipo de asuntos y tener preferencia legal respecto de otros órganos jurisdiccionales, para conocer de un litigio o causa determinados. Esa cualidad se posee como consecuencia de la aplicación de un conjunto de criterios que deben constar en una norma positiva de rango legal." (59)

Contaminación

La contaminación ambiental alude a la adición de cualquier tipo de energía o de materia residual al entorno, que por su sola presencia o actividad, provoca directa o indirectamente, en el corto, mediano o largo plazo, y de forma reversible o irreversible, pérdida de la calidad en las características y condiciones generales del ambiente.

Daño ambiental

Es todo menoscabo, desperfecto o destrozo físico, apreciable o no, susceptible de apreciación pecuniaria o no, producido en un recurso natural en particular o en el ambiente en general, que genera perjuicio directo o indirecto, en el corto, mediano o largo plazo, y de forma reversible o irreversible, sobre los seres vivos y elementos inertes.

Deber

Es aquello a lo que se está obligado por las leyes naturales o positivas, o por los preceptos religiosos. "El deber desde el punto de vista filosófico es la necesidad moral de ejecutar o no ejecutar una acción. Es, pues, la necesidad racional en que se encuentra el hombre de obedecer la ley moral, y cuando alguien tiene la facultad de exigir su cumplimiento, a esa facultad se llama derecho." (60)

Defectos del sistema jurídico

El sistema jurídico suele presentar una serie de defectos o imperfecciones, que conllevan problemas al momento de la interpretación y posterior aplicación de las normas jurídicas. Los defectos que surgen con mayor frecuencia, son:

Redundancia

"Sobra o demasiada abundancia de cualquier cosa o en cualquier línea."(61)

Este inconveniente jurídico hace referencia al exceso de soluciones equivalentes para casos iguales, y además de ser soluciones compatibles, son repetidas.

"Un escrito con palabras inútiles, aglomeradas y rebuscadas, para expresar lo ya manifestado, es redundante." (62)

Contradicción

"Afirmación y negación que se oponen una a otra y recíprocamente se destruyen." (63)

Cuando dos normas jurídicas con igual ámbito de aplicabilidad imputan al mismo caso soluciones incompatibles, existe el defecto de contradicción.

Es también, "Negativa de una afirmación. Negación de una afirmación propia. Manifestaciones opuestas hechas por una misma persona. [...] Incompatibilidad de dos proposiciones, que no pueden ser a la vez verdaderas, por cuanto una de ellas afirma y la otra niega lo mismo. Las leyes y disposiciones emanadas del poder público pueden contener contradicciones, en cuyo caso debe predominar la ley posterior sobre la anterior (por derogación tácita); si el conflicto se plantea dentro de una misma ley, deben seguirse las reglas de la interpretación." (64)

Lagunas

"Carencia de normas legales expresas que contemplen determinadas situaciones jurídicas. Bajo el pretexto de silencio, oscuridad o insuficiencia de la ley, los jueces no pueden dejar de juzgar; y si una cuestión civil no puede ser resuelta ni por las palabras ni por el espíritu de la ley, se atenderá a los principios de las leyes análogas; y si aún la cuestión fuere dudosa, se resolverá por los principios generales del Derecho, teniendo en consideración las circunstancias del caso." (65)

Ineficacia. Inoperancia

Dentro del sistema jurídico existen normas que son total o parcialmente ineficaces, planteando algunos problemas de interpretación y de aplicación a los casos concretos.

Puede tratarse de una norma que regula conductas de imposible cumplimiento, o bien ser una norma con imposibilidad empírica, normativa o lógica.

La imposibilidad empírica, a la que Alf Ross llama "falsa presuposición fáctica", se refleja en aquellos casos que sean contrarios a las leyes naturales, la imposibilidad normativa cuando está enfrentada con lo que otra norma jurídica dispone, y existe imposibilidad lógica cuando constituye una contradicción.

Degradación ambiental

Es la pérdida, reducción o desgaste de los valores y cualidades inherentes a los recursos naturales y al ambiente en general. Conlleva dificultad para alcanzar el desarrollo sostenible y genera un marcado menoscabo de la calidad de vida.

Delito

"Culpa, crimen, quebrantamiento de la ley.", "Acción u omisión voluntaria, castigada por la ley con pena grave." (66)

Francisco Carrara definió al delito expresando que, "Es la infracción a la ley del Estado, promulgada para proteger la seguridad de los ciudadanos, resultante de un acto externo del hombre, positivo o negativo, moralmente imputable y políticamente dañoso."

Beling, entendió por delito "la acción típica, antijurídica, culpable, sometida a una adecuada sanción penal [civil-administrativa...] y que llena las condiciones objetivas de punibilidad."

Comprende en este concepto una serie de requisitos: la acción debe ser ejecutada por un individuo; la tipicidad necesaria; la antijuridicidad, puesto que la conducta puede ser típica pero, no obstante, no encontrarse sometida a la aplicación de pena por no ser, precisamente, antijurídica; la culpabilidad, puesto que no es suficiente con que la acción realizada sea típica y antijurídica, debe ser culpable y, finalmente, la punibilidad, es decir que esa conducta típica, antijurídica y culpable debe ser, además, punible. También se entiende por delito la "Conciente violación o quebrantamiento del Derecho por actos de libre voluntad; o la transgresión o quebrantamiento voluntaria y a sabiendas de una ley en daño u ofensa del Estado, o de cualquier particular. La transgresión o quebrantamiento ha de consistir en un acto externo, pues la intención o el mero conato de delinquir no caen dentro de la esfera del delito." (67)

Delito ambiental (delito ecológico)

Es la infracción de una norma de protección ambiental, que por su gravedad no esté directamente prevista ni regulada por una norma administrativa, sino por el Código penal.

Derecho

Los grandes creadores del Derecho en la antigüedad, los romanos, llamaron "jus" a todo aquello que consideraban lícito, lo contrario era lo que ocasionaba un daño, lo ilícito, la "injuria". Celso ya había definido el jus, entendiendo que era "el arte de lo bueno y de lo equitativo", el modo de llegar a la justicia por medio de la conducta humana.

Se alude a Derecho desde el punto de vista objetivo, como "un ordenamiento social impuesto para realizar la justicia" (68)

Se habla de ordenamiento, porque es la acción y efecto de ordenar, puesto que el Derecho se presenta como un sistema más o menos amplio y más o menos perfecto, que se orienta a encauzar y ordenar la vida humana en la sociedad. Es un ordenamiento social, porque tiene en su base las relaciones sociales, e impuesto porque se establece con carácter obligatorio.

Derecho ambiental

Disciplina jurídica que investiga, estudia y analiza las diferentes relaciones entre los bienes naturales y la actividad antrópica, orientando la regulación jurídica de las conductas y actitudes humanas respecto al uso, explotación y aprovechamiento de recursos naturales, conservación de la Naturaleza y protección del ambiente. Es sustancialmente público y privado a la vez, de carácter precautorio-preventivo e interdisciplinario. Se basa en particular en un conjunto integrado de principios jurídico ambientales, en la jurisprudencia y en la doctrina, y en una combinación de técnicas, reglas e instrumentos legales. (69)

Ecología

La ecología es la ciencia que se ocupa del estudio e investigación de "los organismos vivientes y de las relaciones entre ellos y con su entorno, consiste principalmente en un estudio de la biosfera, que está influenciada por la litosfera (de la que provienen los materiales) y por la atmósfera (a través de las condiciones climáticas)." (70)

Ecosistema

"Un ecosistema o sistema ecológico es cualquier área de la Naturaleza que incluye organismos vivos y sustancias abióticas interactuando entre sí para producir un intercambio de materiales entre las partes viva y no viva." (71)

También se define como el "sistema funcional de relaciones entre los seres vivos y subsistemas abióticos que ocupan un espacio definido y que se traduce en una corriente de energía que conduce a una estructura trófica, a una diversidad biótica y a ciclos materiales claramente definidos. Unidad claramente distinguible en la biosfera, por ejemplo, un bosque, estanque o río (biotopo), con sus pertenecientes plantas y animales (comunidad biótica). Es un sistema autorregulador que se mantiene por las interacciones entre los factores abióticos (no vivos) y los bióticos (vivos)." (72)

El equilibrio ecológico es el "estado de un sistema ecológico en el cual los flujos internos de materia y energía, y los de entrada y salida hacia los ecosistemas colindantes, dan un balance equilibrado para todos sus componentes." (73)

Este equilibrio es siempre inestable, y puede verse más o menos alterado o modificado por efecto de las actividades humanas.

Fuentes

Para conocer el origen de las normas jurídicas es preciso hacer referencia a las fuentes del Derecho, es decir a aquella causa que les ha dado nacimiento, al medio de producción, a la forma que se utiliza para alcanzar el contenido que es la norma jurídica.

En Derecho el concepto de fuente es comprensivo de todo aquel acto creador de norma jurídica.

Dentro de las principales fuentes formales del Derecho puede hacerse referencia a:

Costumbre

Históricamente la costumbre (consuetudo, mores maiorum), o Derecho no escrito, es la primera y más antigua de las fuentes; hace referencia a la repetición durante un tiempo más o menos largo en una comunidad de determinadas formas de obrar, de ciertos usos comunes que adquieren con el tiempo un grado de obligatoriedad por el sentimiento generalizado de su necesidad.

Comparte el doble carácter de ser fuente material y fuente formal del Derecho puesto que apoya sentencias, leyes y estudios jurídicos en general. Los postglosadores revitalizaron el valor de la costumbre, y la Escuela Histórica del Derecho, la elevó a máximo rango como expresión de la espontánea voluntad normativa popular.

Representa una norma impuesta por el uso social, su origen es popular y por regla general no escrita; por ello, es posible considerar a la costumbre como la primera manifestación de regulación jurídica de la actividad social.

El Derecho no escrito o consuetudinario, puede definirse como "el conjunto de normas jurídicas que se practican constantemente en una sociedad sin haber sido sancionadas en forma expresa, y que se consideran jurídicamente obligatorias." (74)

Ley

La clásica definición de ley de Santo Tomás de Aquino, alude al "ordinatio rationis ad bonum commune, ab eo qui curam communitatis habet, promulgata", Suma Teológica, I-II-q.90, Art.4, es decir el "precepto racional orientado hacia el bien común, y promulgado por quien tiene a su cargo el cuidado de la comunidad."

Por tanto, las leyes son el conjunto de reglas o normas de carácter obligatorio e imperativas, que han sido sancionadas por autoridad competente y que se orientan a dirigir y regular con orden la actividad y conducta humana.

La ley es fuente principal del Derecho que surge como acto jurídico formal en esencia obligatoria, y comprende tanto las constituciones, como los tratados, convenios, cartas, declaraciones, estrategias, códigos, decretos, ordenanzas, edictos, canones y, en general, todas aquellas normas escritas dirigidas a regular la conducta humana, que han emanado de autoridad competente y están revestidas del conjunto de solemnidades y formalidades necesarias para su validez.

Jurisprudencia

Ulpiano definía la jurisprudencia de modo muy simple, "Iurisprudentia est divinarum atque humanarum rerum notitia, iusti atque iniusti scientia" Digesto, Libro I, Título I, Ley 10, es decir como aquel "conocimiento de las cosas divinas y humanas y ciencia de lo justo y de lo injusto."

Evidentemente, el fallo judicial constituye una elaboración intelectual que aplica una determinada norma a un caso concreto; por tanto, el fallo judicial es una norma diferente a la que aplica y diferente al derecho que reconoce, la "sentencia, por lo general, se limita a aplicar la ley o la costumbre." (75)

Como sucede con las leyes, decretos y demás actos jurídicos, la jurisprudencia aunque no siempre resuelve casos de divulgación general, requiere ser publicada para que se conozca. Este aspecto cobra interés de divulgación y conocimiento amplio cuando se trata de problemas ambientales, los cuales exigen sean difundidas adecuadamente, de modo que lleguen a conocimiento de la mayor parte de personas, sean o no éstas las directamente afectadas.

Acto jurídico

Acto jurídico, es el hecho voluntario, o sea ejecutado con discernimiento, intención y libertad, y puede ser lícito o ilícito según sea o no contrario a las ley. Por tanto, son actos jurídicos, los actos voluntarios lícitos que tengan por finalidad inmediata establecer entre personas relaciones jurídicas, o bien, conservar, crear, transferir, modificar o extinguir derechos.

Hábitat

Es la totalidad de condiciones ambientales en las que vive una biocenosis (comunidad biótica integrada en un ecosistema), una especie o un individuo. También, territorio en el que vive una especie vegetal o animal.

Interpretación

"La declaración, explicación o aclaración del sentido de una cosa o de un texto incompleto, oscuro o dudoso. La oscuridad, la duda o la laguna legal puede encontrarse en las palabras o en el espíritu de las normas positivas, en los contratos, en los hechos, en las demandas, en las sentencias, en cualquiera de los actos o de las relaciones jurídicas [...] La interpretación jurídica por excelencia es la que pretende descubrir para sí mismo (comprender) o para los demás (revelar) el verdadero pensamiento del legislador o explicar el sentido de una disposición. Para tal exégesis se han propuesto cuatro métodos fundamentales, que originan las cuatro especies de interpretación denominadas: gramatical, histórica, lógica y sistemática. Por la índole del intérprete, se distingue la interpretación auténtica (del legislador) de la usual (de los jueces o magistrados) y de la doctrinal (de los autores o de los jurisconsultos). Por el desenvolvimiento que al precepto se le atribuye, se habla de interpretación estricta (la literal o limitada a los casos previstos por la ley) y de extensiva (la que se aplica a supuestos análogos, más o menos previsibles por el autor del texto)." (76)

Jurisdicción

El término jurisdicción alude a la "Parte del territorio hasta donde se extienden las facultades de una autoridad. Poder que corresponde a los jueces para conocer y sentenciar en los juicios civiles y criminales, y hacer que se ejecute lo juzgado. Según Alsina, es la potestad conferida por el Estado a determinados órganos para resolver mediante la sentencia las cuestiones litigiosas que les sean conferidas y hacer cumplir sus propias resoluciones." (77)

Legislación ambiental

Conjunto de disposiciones jurídicas que regulan la conducta humana en relación al ambiente. La naturaleza interdisciplinaria de estas normas no admite regímenes totalmente divididos, y recíprocamente se condicionan e influyen dentro de todas las ramas jurídicas y científicas existentes. (78)

En la última década se ha registrado una sorprendente proliferación de disposiciones jurídico ambientales en todos los niveles (internacional, europeo, comunitario, estatal, autonómico, regional, local), regulando casi todos los sectores (aguas, residuos, suelos, atmósfera, ruido, impacto ambiental, información ambiental, riesgos industriales, Naturaleza, áreas protegidas, flora, fauna, sustancias peligrosas, productos químicos, etiqueta ecológica, auditorías ambientales, delito ambiental, traslados transfronterizos...).

Esta legislación se encuentra recopilada de diferentes formas, y disponible en distintos organismos e instituciones públicas y privadas nacionales e internacionales.

El notable incremento de disposiciones, cuya principal finalidad es regular las actividades antrópicas en relación al cuidado del ambiente, presenta la grave dificultad de su desconocimiento, y compleja aplicación cuando se superponen jurisdicción y competencia.

Las leyes, a veces, se sancionan y expanden como el agua desbordada que destruye los diques, y ahogan a la sociedad y a los recursos naturales que deben proteger.

Obligación

La palabra obligación etimológicamente responde a ob-ligare, es decir, el "vínculo que sujeta a hacer o abstenerse de hacer una cosa, establecido por precepto de ley, por voluntario otorgamiento o por derivación recta de ciertos actos." En Derecho civil es "aquella cuyo cumplimiento es exigible legalmente aunque no siempre sea valedera en conciencia." (79)

Pena

La pena es "la privación de un bien, previamente prevista en la ley, impuesta en virtud de proceso al responsable de una infracción penal." (80)

También por pena se entiende aquella "medida represiva establecida en las leyes penales para sancionar los delitos o contravenciones en ellas previstos y castigables. La pena implica un sufrimiento -aunque el propósito primordial de la ley no fuere causarlo al reo- y se le atribuyen fines de prevención general o defensa social, y de prevención especial por la inocuización o la enmienda moral o civil del penado." (81)

Planificación

Se pueden diferenciar la planificación ambiental, que es aquella que reconoce al ambiente como un sistema físico y biológico a considerar en la consecución de sus objetivos; y la planificación física, que es el estudio racional de diagnóstico, predicción, evaluación y definición de soluciones aplicados a unos recursos territoriales con expresión espacial.

Recursos naturales

Los recursos naturales pueden ser renovables y no renovables, esto en función directa con la capacidad que tengan de regenerarse y el tiempo que requieran para reproducirse.

Naciones Unidas ha definido a los recursos naturales, como todos aquellos que se encuentran en su ambiente natural, y que en alguna medida el hombre puede utilizar en beneficio propio.

De esta definición se desprenden claramente tres elementos con frecuencia utilizados en similares definiciones, puesto que los recursos naturales: a) son parte o bien se obtienen a partir de un sistema natural, b) satisfacen necesidades de diferente tipo, c) se encuentran en disponibilidad pasiva.

Los recursos naturales se definen siempre no sólo en función de la capacidad de satisfacer necesidades humanas y de otros seres vivos sino, además, en relación a sus posibilidades de aprovechamiento.

Esta potencialidad de aprovechamiento de los recursos naturales se encuentra condicionada a una serie de factores tales como: a) conocimiento acerca de las capacidades intrínsecas y de las facultades para satisfacer necesidades específicas de los seres vivos, b) conocimiento acerca de la existencia en el interior o exterior de la corteza terrestre, y posibilidades de transformación para la satisfacción de las necesidades, c) conocimiento acerca de las reales posibilidades desde el punto de vista básicamente económico.

Responsabilidad

Es la "Deuda, obligación de reparar y satisfacer, por sí o por otro, a consecuencia de delito, de una culpa o de otra causa legal." (82)

Puede tener varios significados: responsabilidad como obligación o función derivada de un cargo, ocupación o empleo; responsabilidad como capacidad y como estado mental; responsabilidad como sujeto punible o moralmente reprochable, y responsabilidad en el sentido de factor causal. Kelsen entiende que "un individuo es responsable cuando es susceptible de ser sancionado, independientemente de que haya cometido o no un acto antijurídico." (83)

Sanción

"Pena que la ley establece para el que la infringe. Mal dimanado de una culpa o yerro y que es como su castigo o pena." (84)

Se asimila a las palabras pena o represión, y al aplicarse a las leyes tiene dos acepciones: "una es la parte de la ley en que se prescribe u ordena una pena contra quienes traten de violarla; la otra es la aprobación que se da a la misma ley para hacerla ejecutiva, o el acto solemne por medio del cual las leyes, estatutos, reglamentos o disposiciones legales adquieren fuerza de tales." (85)

Las sanciones administrativas, por ejemplo, son "las privaciones de bienes o derechos impuestas por la Administración a un administrado como consecuencia de una actividad ilegal que le es imputable. Las sanciones administrativas constituyen el mecanismo más intenso de la intervención policial. La sanción puede constituir en la revocación de un acto favorable, la pérdida de un derecho o expectativa o la imposición de una multa. Pero la Administración no puede imponer sanciones que impliquen directa o indirectamente privación de libertad por prohibirlo expresamente la Constitución." (86)

Validez

"Cualidad de un acto o contrato jurídico para surtir los efectos legales propios, según su naturaleza y la voluntad constitutiva. Legalidad de los negocios jurídicos. Producción de efectos. [...] Índole de lo legal en la forma y eficaz en el fondo. La validez requiere un conjunto de cualidades jurídicas, determinada por la capacidad de las partes, licitud en cuanto al fondo, respeto de las formas y observancia de cualesquiera otros requisitos que el acto imponga o exija." (87)

También por validez se entiende aquello "que tiene fuerza legal. El acto jurídico para ser válido debe ser otorgado por persona capaz de cambiar el estado de su derecho." (88)

ANEXO 2. CITAS

1. Actividades humanas

(1) Serrano, M.N. (1884) Filosofía de la Naturaleza - Pág.28 - Imprenta de Enrique Teodoro - Madrid.
(2) Enciclopedia Universal Ilustrada Europeo Americana (1926) Espasa Calpe S.A. - Madrid - Barcelona.
(3) Enciclopedia Universal Ilustrada Europeo Americana (1926) Espasa Calpe S.A. - Madrid - Barcelona.
(4) Vocabulario científico y técnico - Real Academia de Ciencias Exactas, Físicas y Naturales (1990) Espasa Calpe S.A. - Pág.452 - Madrid.
(5) Vocabulario científico y técnico - Real Academia de Ciencias Exactas, Físicas y Naturales (1990) Espasa Calpe - Pág.43 - Madrid.
(6) Jaquenod de Zsögön, S. (1991) El Derecho ambiental y sus principios rectores - Ed.Dykinson - 3ª Edición - Pág.39 - Madrid.
(7) Traducido por Fernando F.Bodelón, de la obra Pies desnudos sobre la tierra sagrada.
(8) Gorbachov, M. (1993) Memoria de los años decisivos - Ed. Acento -Pág.331 - Madrid.
(9) Centre for Nature Resources, Energy and Transport of the Department of Economic and Social Affairs of the United Nations (1978) Register of international rivers.
(10) Ecosistemas (1993) "Hidrovía: rumbo hacia el desastre" - Oct-Dic - Nº7 - Pág.56 - Madrid.
(11) Ecosistemas (1993) "Hidrovía: rumbo hacia el desastre" - Oct-Dic - Nº7 - Pág.57 - Madrid.
(12) Ecosistemas (1993) "Hidrovía: rumbo hacia el desastre" - Oct-Dic - Nº7 - Pág.57 - Madrid.
(13) Anuario de la Comisión de Derecho Internacional (1974) - Vol.II - Segunda Parte - Pág.206 - Buenos Aires.

3. Derecho ambiental

(14) Pigretti, E.A. (1982) Derecho de los recursos naturales - Ed.La Ley Pág.59 - Buenos Aires.
(15) Enciclopedia Plaza & Janes - Enciclopedia alfabética (1988) - Vol.21-Pág.654 - Barcelona.
(16) Reale, M. (1989) Introducción al Derecho - Ed.Pirámide - Pág.32 - Madrid.
(17) Para mayor detalle sobre estas características puede consultarse Jaquenod de Zsögön, S. (1991) El Derecho ambiental y sus principios rectores - 3ª Edición - Ed.Dykinson - Madrid.

4. Política ambiental

(18) Gorbachov, M (1993) Memoria de los años decisivos - Ed. Acento - Pág.341 - Madrid.
(19) Meier, E. (1977) Bases para un estudio de la legislación ambiental y su reordenación - Comisión Nacional de Legislación - Ministerio de Justicia - Pág.78-79 - Venezuela.

5. Gestión ambiental

(20) Gorbachov, M. (1993) Memoria de los años decisivos - Ed. Acento -Pág.331 - Madrid.
(21) Meyer-Abich (1972) Pág.186 - Citado por Albin Eser en Revista de Derecho Público - Nº100-101 - Volumen III y IV - Jul-Dic - 1985 - Pág.634- Madrid.
(22) Cansier (1975) Págs.35 y ss; Wälde (1974) Pág.601 - Citado por Albin Eser en Revista de Derecho Público - Nº100-101 - Volumen III y IV - Jul-Dic - 1985 - Pág.634 - Madrid.
(23) Michalski (1975) Citado por Albin Eser en Revista de Derecho Público - Nº100-101 - Volumen III y IV - Jul-Dic - 1985 -Pág.635- Madrid.
(24) Albin Eser (1995) En Revista de Derecho Público - Nº100-101 - Volumen III y IV - Jul-Dic - Pág.636 - Madrid.
(25) Wilson, D.C. (1995) Bulletin Warmer Nº46 - World Resource Foundation - Pág.19 - Inglaterra.

6. Riesgos ambientales

(26) Diccionario Jurídico Espasa (1993) Ed.Espasa Calpe - Pág.895 - Madrid.
(27) Diccionario Jurídico Espasa (1993) Ed.Espasa Calpe - Pág.895 - Madrid.
(28) Para mayor información ver: La Recherche Environnement (1989) - Supplément 2 de la Recherche - Nº212 - París.

7. Responsabilidad ambiental

(29) Sánchez Vázquez, J. (1972) "La denominada acumulación de responsabilidades contractual y aquiliana" - En Revista de Derecho Privado Tomo LVI - Pág.965 - Madrid.
(30) Sobre responsabilidad civil en orden ambiental puede consultarse Hernández Ibáñez, C. (1980) Responsabilidad civil y medio ambiente Serie Monografías - Nº4 - CEOTMA-MOPU -Madrid.
(31) Garzón, A. (1988) La industria frente al medio ambiente - Marsch, McLenan España S.A. - Madrid - Barcelona.
(32) Citado por García de Enterría, E. y Ramón Fernández, T. (1987) Curso de Derecho administrativo II - Ed.Civitas,S.A. -Pág.148 - Madrid.
(33) Citado por García de Enterría, E. y Ramón Fernández, T. (1987) Curso de Derecho administrativo II - Ed.Civitas,S.A. -Pág.148 -Madrid.

(34) Resulta importante consultar al respecto la Sentencia del Tribunal Constitucional 18/1981, de 8 de junio, BOE Nº143, de 16 de junio.

(35) Postiglione, A. (1982) Il Diritto all'ambiente - Jóvene Editore - Pág.77 - Nápoli.

(36) Martinez Rincones, J.F. (1978) Delito ecológico - Universidad de Los Andes - Consejo de Publicaciones - Pág.39 - CENIPEC Mérida.

(37) Rodriguez Ramos, L. (1980) "Alternativas de la protección penal del medio ambiente" - Cuadernos de Política Criminal - Nº19 - Pág.140 - Universidad Complutense - Madrid.

(38) Consultar:
Rodriguez Ramos, L. (1981) "Presente y futuro de la protección penal del medio ambiente en España" - Documentación administrativa - Nº190 - Pág.243 a 246 - Ed.Secretaría General Técnica - Presidencia del Gobierno - Madrid.
Rodriguez Ramos, L. (1996) "La nueva protección penal del medio ambiente" - Revista Ecosistemas - Nº15 - Pág.62 a 64 - Madrid.

(39) Consultar:
Torio López, A. (1983) "Cursos causales no verificables en Derecho penal" - Anuario de Derecho penal - Pág.221 y ss - Madrid.

8. <u>Principios jurídico ambientales</u>

(40) Diccionario Jurídico Espasa (1993) Ed.Espasa Calpe,S.A. -Pág.793- Madrid.

(41) Diccionario Enciclopédico de Derecho usual (1981) Tomo V-P-Q- Pág.412 - Ed.Heliasta SRL - Argentina.

(42) Diccionario Jurídico Espasa (1993) Ed.Espasa Calpe,S.A. -Pág.793- Madrid.

(43) Diccionario Jurídico Espasa (1993) Ed.Espasa Calpe,S.A. -Pág.794- Madrid.

(44) Para mayor información acerca de estos Principios puede consultarse Jaquenod de Zsögön, S. (1991) El Derecho ambiental y sus Principios rectores - 3ª Edición - Ed.Dykinson Madrid.

(45) Albin Eser (1985) Revista de Derecho público - Derecho ecológico - Nº100-101 - Jul-Dic - Vol.III y IV - Madrid.

(46) Diccionario de la Real Academia Española - Tomo I-AG (1984) Ed. Espasa Calpe,S.A. - Pág.89 - Madrid.

(47) Diccionario Jurídico Espasa (1993) Ed.Espasa Calpe,S.A. -Pág.56- Madrid.

(48) Diccionario Jurídico Espasa (1993) Ed.Espasa Calpe,S.A. -Pág.56- Madrid.

(49) Picatoste, F. (1881) La estética en la Naturaleza, en la ciencia y en el arte. Formas elementales - Pág.43 - Biblioteca Enciclopédica Popular Ilustrada - Madrid.

(50) Picatoste, F. (1881) La estética en la Naturaleza, en la ciencia y en el arte. Formas elementales - Pág.46 - Biblioteca Enciclopédica Popular Ilustrada - Madrid.

Anexo 1

(51) Jaquenod de Zsögön, S. (1991) El Derecho ambiental y sus principios rectores - 3ª Edición - Ed.Dykinson - Madrid.
(52) Vocabulario científico técnico - Real Academia de Ciencias Exactas, Físicas y Naturales (1990) - Ed.Espasa Calpe,S.A. -Pág.452 - Madrid.
(53) Vocabulario científico técnico - Real Academia de Ciencias Exactas, Físicas y Naturales (1990) Ed.Espasa Calpe,S.A. - Pág.43 - Madrid.
(54) Diccionario de la Real Academia Española (1984) Tomo I - Pág.263 Madrid.
(55) Diccionario de la Real Academia Española (1984) Tomo I - Pág.331- Madrid.
(57) Fernández de León, G. (1972) Diccionario jurídico - Tomo I - Ed. Contabilidad moderna - Pág.522 - Buenos Aires.
(57) Diccionario de la Real Academia Española (1984) Tomo I - Pág. 347 - Madrid.
(58) Nino, C.S. (1987) Introducción al análisis del Derecho - Ed.Ariel-Págs.222-223 - Barcelona.
(59) Diccionario jurídico Espasa (1993) Ed.Espasa Calpe,S.A. - Pág.182-Madrid.
(60) Fernández de León, G. (1972) Diccionario jurídico - Tomo II - Ed. Contabilidad moderna - Pág.215 - Buenos Aires.
(61) Diccionario de la Real Academia Española (1984) Tomo II - P.1158-Madrid.
(62) Fernández de León, G. (1972) Diccionario jurídico - Tomo IV - Ed. Contabilidad moderna - Pág.345 - Buenos Aires.
(63) Diccionario de la Real Academia Española (1984) Tomo I - Pág.371 Madrid.
(64) Diccionario enciclopédico de Derecho usual (1981) Tomo II -C-CH-Pág.331 - Ed.Heliasta SRL - Argentina.
(65) Fernández de León, G. (1972) Diccionario jurídico - Tomo III - Ed. Contabilidad moderna - Pág.371 - Buenos Aires.
(66) Diccionario de la Real Academia Española (1984) Tomo I - Pág.450 Madrid.
(67) Fernández de León, G. (1972) Diccionario jurídico - Tomo IV - Ed. Contabilidad moderna - Pág.245 - Buenos Aires.
(68) Mouchet, C. y Zorraquin Becu, R. (1978) Introducción al Derecho - Ed.Perrot - Pág.27 - Buenos Aires.
(69) Jaquenod de Zsögön, S. (1995) - Madrid.
(70) Simmons, I.G. (1982) Ecología de los recursos naturales - Ed.Omega - Pág.5 - Barcelona.
(71) Definición dada por Odum, E.P. 1959 en Simmons, I.G. (1982) Ecología de los recursos naturales - Ed.Omega - Pág.6 - Barcelona.
(72) Diccionario de términos medioambientales (1992) Haskoning - Pág.190 - Madrid.
(73) Diccionario de términos medioambientales (1992) Haskoning - Pág.208 - Madrid.
(74) Mouchet, C. y Zorraquin Becu, R. (1978) Introducción al Derecho - Ed.Perrot - Pág.222 - Buenos Aires.

(75) Mouchet, C. y Zorraquin Becu, R. (1978) Introducción al Derecho - Ed.Perrot - Pág.232 - Buenos Aires.
(76) Diccionario enciclopédico de Derecho usual (1981) Tomo IV -F-I- Pág.472 - Ed.Heliasta SRL - Argentina.
(77) Fernández de León, G. (1972) Diccionario jurídico - Tomo III - Ed. Contabilidad moderna - Pág.345 - Buenos Aires.
(78) Jaquenod de Zsögön, S. (1995) - Madrid.
(79) Diccionario Jurídico Espasa (1993) Ed.Espasa Calpe,S.A. - Pág.693 Madrid.
(80) Diccionario Jurídico Espasa (1993) Ed.Espasa Calpe,S.A. - Pág.735 Madrid.
(81) Fernández de Leon, G. (1972) Diccionario jurídico - Tomo IV - Ed. Contabilidad Moderna - Pág.94 - Buenos Aires.
(82) Diccionario de la Real Academia Española (1984) Tomo II - P.1180- Madrid.
(83) Nino, C.S. (1987) Introducción al análisis del Derecho - Ed.Ariel - Págs.185-186 - Barcelona.
(84) Diccionario de la Real Academia Española (1984) Tomo II - P.1217- Madrid.
(85) Fernández de León, G. (1972) Diccionario jurídico - Tomo IV - Ed. Contabilidad moderna - Pág.400 - Buenos Aires.
(86) Diccionario Jurídico Espasa (1993) Ed.Espasa Calpe,S.A. - Pág.902 Madrid.
(87) Diccionario enciclopédico de Derecho usual (1981) Tomo VIII -T-Z- Pág.305 - Ed.Heliasta SRL - Argentina.
(88) Fernández de León, G. (1972) Diccionario jurídico - Tomo VI - Ed. Contabilidad moderna - Pág.667 - Buenos Aires.

ANEXO 3. BIBLIOGRAFIA

Obras consultadas y obras recomendadas para ampliar los temas tratados:

- Akademiai Kiado (1993) Környezetvédelmi Lexicon I és II - Budapest.
- Bifani, P. (1993) El socialismo del futuro - N°8 - Medio ambiente y relaciones Norte Sur - Ed.Fundación Sistema - Madrid.
- Centro de Investigación y Planificación del Medio Ambiente (1985) Ambiente y desarrollo - Santiago de Chile.
- Cuadernos del Este (1993) N°10 - Deterioro ecológico en el este - Madrid.
- Diccionario Jurídico Espasa (1993) Ed.Espasa Calpe,S.A. - Madrid.
- Emerson (1885) El hombre y el mundo - Ed.Rodriguez Serra - Madrid.
- Enciclopedia Universal Ilustrada Europeo Americana (1926) Ed.Espasa Calpe S.A. - Madrid.
- Fernández de León, G. (1972) Diccionario jurídico - Ed.Contabilidad moderna - Buenos Aires.
- García Mercadal, J. (1972) Viajes por España - Madrid.
- García de Cortázar, J.A. (1982) La historia rural medieval - 2ª Edición Universidad de Santander - Santander.
- Gorbachov, M. (1993) Memoria de los años decisivos - Ed.Acento - Madrid.
- Hernández Fernández, S. (1987) Ecología para ingenieros - Ed.AZ, S.A. - Madrid.
- Hudson, N. (1982) Conservación del suelo - Ed.Reverté - Barcelona.
- Jaquenod de Zsögön, S. (1991) El Derecho Ambiental y sus principios rectores - 3ª Edición - Ediorial Dykinson - Madrid.
- Khalid, M. (1989) Security, development and the environment.
- Latorre, A. (1985) Introducción al Derecho - Ed.Ariel - Barcelona.
- Lean, G. & Hinrichsen, D. (1992) Atlas del medio ambiente - Ed. Algaida - Sevilla.
- Lovelock, J. (1992) Gaia, una ciencia para curar el planeta - Ed.Integral Oasis, SL - Barcelona.
- Miller, K. (1980) Planificación de parques naturales para el ecodesarrollo en Latinoamérica - Ed.Fepma - Madrid.
- Molina, J.S. (1981) Hacia una nueva agricultura - Ed.El Ateneo - Buenos Aires.
- Mouchet, C. y Zorraquín Becu, R. (1978) Introducción al Derecho - Ed.Perrot - Buenos Aires.
- Myers, N. ét al (1987) El atlas Gaia de la gestión del planeta - Ed.Hermann Blume - Madrid.
- Nino, S.C. (1987) Introducción al análisis del Derecho - Ed.Ariel Derecho - Barcelona.
- Nogues Acuña, C. (1971) Los hijos de la Pachamama y otras crónicas del campo y la montaña - Ed.CEAL.

- Pascal, A. (1990) Historia de la ecología - Ed.Taurus - Madrid.
- Pastore, L.D. (1967) Población y alimentos - Academia Nacional de Ciencias Económicas - Buenos Aires.
- Picatoste, F. (1881) La estética en la Naturaleza, en la ciencia y en el arte. - Biblioteca Enciclopedica Popular Ilustrada - Madrid.
- Pigretti, E.A. (1982) Derecho de los recursos naturales - Ed.La Ley - Buenos Aires.
- Pinillos Díaz, J.L. (1992) La mente humana - Ed. Temas de Hoy - 6ª Edición - Madrid.
- Porritt, J. (1991) Salvemos la Tierra - Ed.Aguilar - Madrid.
- Rodriguez Ramos, L. (1995) "Infracciones y sanciones administrativas, civiles y penales. Jurisprudencia. Aseguramiento de los daños al medio ambiente" - ICADE - Madrid.
- Sainz de Aja, M.J. (1989) El agujero de ozono - Ed.Tabapress -Madrid.
- Sánchez de la Torre, A. (1988) Estudios de arqueología jurídica - Ed.Dykinson - Madrid.
- Sanz Sá, J.M. (1991) La contaminación atmosférica - MOPT - Madrid.
- Sarmiento Palacio, G. (1988) Las acciones populares en el Derecho privado colombiano - Banco de la República - Colección Bibliográfica - Bogotá.
- Serrano, M.N. (1884) Filosofía de la Naturaleza - Imprenta de Enrique Teodoro - Madrid.
- Seymour, J. y Girardet, H. (1987) Proyecto Planeta Verde - Ed.Blume - Madrid.
- Simmons, I.G. (1982) Ecología de los recursos naturales - Ed.Omega - Barcelona.
- Steadman, P. (1975) Energía, medio ambiente y edificación - Madrid.
- Varios Autores (1981) - Tratado del medio natural - Tomo I - Ed.UPM Madrid.
- Weiner, J. (1991) Los próximos cien años. Modelando el destino de nuestra Tierra viva - Ed.Plaza & Janes - Barcelona.

ANEXO 4. CARTA SEATTLE (1855)

"¿Cómo se puede comprar o vender el firmamento, ni aún el calor de la tierra? Dicha idea nos es desconocida. Si no somos dueños de la frescura del aire ni del fulgor de las aguas, ¿Cómo podrán ustedes comprarlos?

Cada parcela de esta tierra es sagrada para mi pueblo, cada brillante mata de pino, cada grano de arena en las playas, cada gota de rocío en los oscuros bosques, cada altozano y hasta el sonido de cada insecto es sagrado a la memoria y al pasado de mi pueblo. La savia que circula por la vena de los árboles lleva consigo las memorias de los pieles rojas. Los muertos del hombre blanco olvidan su país de origen cuando emprenden sus paseos entre las estrellas; en cambio nuestros muertos nunca pueden olvidar esta bondadosa tierra puesto que es la madre de los pieles rojas.

Somos parte de la tierra y asimismo ella es parte de nosotros. Las flores perfumadas son nuestras hermanas; el venado, el caballo, la gran águila; estos son nuestros hermanos. Las escarpadas peñas, los húmedos prados, el calor del cuerpo del caballo y el hombre, todos pertenecemos a la misma familia.

Por todo ello, cuando el Gran Jefe de Washington nos envía el mensaje de que quiere comprar nuestras tierras, nos está pidiendo demasiado. También el Gran Jefe nos dice que nos reservará un lugar en el que podamos vivir confortablemente entre nosotros. El se convertirá en nuestro padre y nosotros en sus hijos. Por ello consideraremos su oferta de comprar nuestras tierras. Ello no es fácil ya que esta tierra es sagrada para nosotros.

El agua cristalina que corre por ríos y arroyuelos no es solamente agua sino también representa la sangre de nuestros antepasados. Si les vendemos tierras, deben recordar que es sagrada y a la vez deben enseñar a sus hijos que es sagrada y que cada reflejo fantasmagórico en las claras aguas de los lagos cuenta los sucesos y memorias de las vidas de nuestras gentes. El murmullo del agua es la voz del padre de mi padre.

Los ríos son nuestros hermanos y sacian nuestra sed; son portadores de nuestras canoas y alimentan a nuestros hijos. Si les vendemos nuestras tierras ustedes deben recordar y enseñarles a sus hijos que los ríos son nuestros hermanos y también lo son suyos y por lo tanto deben tratarlos con la misma dulzura con que se trata a un hermano.

Sabemos que el hombre blanco no comprende nuestro modo de vida. El no sabe distinguir entre un pedazo de tierra y otro, ya que es un extraño que llega de noche y toma de la tierra lo que necesita. La tierra no es su hermana sino su enemiga y una vez conquistada sigue su camino dejando atrás la tumba de sus padres sin importarle. Le secuestra la tierra a sus hijos. Tampoco le importa. Tanto la tumba de sus padres como el patrimonio de sus hijos son olvidados.

Trata a su madre, la tierra, y a su hermano, el firmamento, como objetos que se compran, se explotan y se venden como ovejas o cuentas de colores. Su apetito devorará la tierra dejando atrás sólo un desierto.

No sé, pero nuestro modo de vida es diferente al de ustedes. La sola vista de sus ciudades apena los ojos del piel roja. Pero quizá sea que el piel roja es un salvaje y no comprende nada.

No existe un lugar tranquilo en las ciudades del hombre blanco, ni hay sitio donde escuchar como se abren las hojas de los árboles en primavera o como aletean los insectos. Pero quizá también esto debe ser porque soy un salvaje que no comprende nada. El ruido sólo parece insultar nuestros oídos. Y después de todo, ¿Para qué sirve la vida si el hombre no puede escuchar el grito solitario del pájaro amigo ni las discusiones nocturnas de las ranas al borde de un estanque? Soy un piel roja y nada entiendo.

Nosotros preferimos el suave susurro del viento sobre la superficie de un estanque, así como el olor de ese mismo viento purificado por la lluvia del mediodía o perfumado con aromas de pinos.

El aire tiene un valor inestimable para el piel roja ya que todos los seres comparten un mismo aliento: la bestia, el árbol, el hombre, todos respiramos el mismo aire. El hombre blanco no parece conciente del aire que respira; como un moribundo que agoniza durante muchos días es insensible al hedor. Pero si les vendemos nuestras tierras deben recordar que el aire nos es inestimable, que el aire comparte su espíritu con la vida que sostiene. El viento que dio a nuestros abuelos el primer soplo de vida, también recibe sus últimos suspiros. Y si les vendemos nuestras tierras, ustedes deben conservarlas como cosa aparte y sagrada, como un lugar donde hasta el hombre blanco puede saborear el viento perfumado por las flores de las praderas.

Por ello consideraremos su oferta de comprar nuestras tierras. Si decidimos aceptarla, yo pondré una condición: el hombre blanco debe tratar a los animales de esta tierra como a sus hermanos. Soy un salvaje y no comprendo otro modo de vida.

He visto a miles de búfalos pudriéndose en las praderas, muertos a tiros por el hombre blanco desde un tren en marcha. Soy un salvaje y no comprendo cómo una máquina humeante puede importar más que el búfalo al que nosotros matamos sólo para sobrevivir.

¿Qué sería del hombre sin los animales? Si todos fueran exterminados, el hombre también moriría de una gran soledad espiritual. Porque lo que le suceda a los animales también le sucederá al hombre. Todo va enlazado.

Deben enseñarles a sus hijos que el suelo que pisan son las cenizas de nuestros abuelos. Inculquen a sus hijos que la tierra está enriquecida con las vidas de nuestros semejantes a fin de que sepan respetarla. Enseñen a sus hijos que nosotros hemos enseñado a los nuestros que la tierra es nuestra madre. Todo lo que le ocurra a la tierra le ocurrirá a los hijos de la tierra. Si los hombres escupen en el suelo, se escupen a sí mismos.

Esto sabemos: la tierra no pertenece al hombre; el hombre pertenece a la tierra. Esto sabemos. Todo va enlazado, como la sangre que une a una familia. Todo va enlazado.

Todo lo que le ocurra a la tierra le ocurrirá a los hijos de la tierra. El hombre no tejió la trama de la vida; él es sólo un hilo. Lo que hace con la trama se lo hace a sí mismo.

Ni siquiera el hombre blanco, cuyo Dios pasea y habla con él de amigo a amigo, no queda exento del destino común. Después de todo, quizás seamos hermanos. Ya veremos. Sabemos una cosa que quizá el hombre blanco descubra un día: nuestro Dios es el mismo Dios. Ustedes pueden pensar ahora que El les pertenece lo mismo que desean que nuestras tierras les pertenezcan; pero no es así. El es el Dios de los hombres y Su compasión se comparte por igual entre el piel roja y el hombre blanco.

Esta tierra tiene un valor inestimable para El y si se daña se provocaría la ira del Creador. También los blancos se extinguirán, quizás antes que las demás tribus. Contaminen sus lechos y una noche perecerán ahogados en sus propios residuos. Pero ustedes caminarán hacia su destrucción rodeados de gloria, inspirados por la fuerza del Dios que los trajo a esta tierra y que por algún designio especial les dio dominio sobre ella y sobre el piel roja. Ese destino es un misterio para nosotros, pues no entendemos por qué se exterminan los búfalos, se doman los caballos salvajes, se saturan los secretos rincones de los bosques con el aliento de tantos hombres y se atiborra el paisaje de las exhuberantes colinas con cables parlantes. ¿Dónde está el matorral? Destruido. ¿Dónde está el águila? Desapareció. Termina la vida y empieza la supervivencia."

Jefe indio Noah Seattle (1855)